Ulrich Fischer
Der Gottesdienst soll fröhlich sein

Ulrich Fischer

Der Gottesdienst soll fröhlich sein

Gemeinde gestaltet Gottesdienst
Praxismodelle und Materialien

Calwer Verlag Stuttgart

Für Brigitte, Susanne,
Mirjam und Angela

Die Deutsche Bibliothek – CIP Einheitsaufnahme

Fischer, Ulrich:
Der Gottesdienst soll fröhlich sein : Gemeinde gestaltet Gottesdienst ; Praxismodelle und Materialien / Ulrich Fischer.
– Stuttgart : Calwer Verl., 1992
ISBN 3-7668-3185-2

Umschlagbild: Tanja Becker
Notensatz: Ingeborg Vaas, Langenau-Albeck
Druck und Verarbeitung: Kösel, Kempten

Inhalt

Vorwort

Es gehört zum Selbstverständnis christlicher Kirchen, daß der Gottesdienst ein öffentliches Geschehen ist, zu dem alle Getauften, welchen Alters auch immer, eingeladen sind. Im Gottesdienst der Gemeinde sollen alle Generationen miteinander die Freundlichkeit Gottes erfahren und die Fülle des von Gott geschenkten Lebens teilen. Umgekehrt wird ein Gottesdienst erst dann zum Gemeindegottesdienst, wenn alle Glieder der Gemeinde eine Möglichkeit haben, sich in diesem Gottesdienst wiederzufinden und die Fülle des Lebens in die Gestaltung des Gottesdienstes einzubringen. Gottesdienst der Gemeinde soll also er-lebter, mit Leben gefüllter Gottesdienst sein, der von allen Gliedern der Gemeinde gemeinsam gestaltet und gefeiert wird.

Nun ist sicherlich solch eine Gestaltung generationsübergreifender Gottesdienste nicht Woche für Woche möglich, denn die Beteiligung vieler an Vorbereitung und Gestaltung eines Gottesdienstes erhöht eben nicht nur die Fülle des Lebens, die im Gottesdienst präsent ist, sondern nicht selten auch die Fülle an Arbeit. Frühzeitig sind Absprachen zu treffen mit Mitarbeiterinnen des Kindergartens und Kindergarteneltern, mit Kindern und Jugendlichen, mit Arbeitsgruppen und Ältestenkreisen, mit KirchenmusikerInnen und Musikgruppen, mit GemeindediakonInnen und PraktikantInnen, mit PfarrerInnen und KirchendienerInnen. Aber vielfältig zahlt sich die Mühe langfristiger und gründlicher Vorarbeit aus, wenn in der Gemeinde die Vorfreude auf den nächsten Gottesdienst für jung und alt zu spüren ist und die Bereitschaft zur Mitgestaltung dieser Gottesdienste mit jedem Gelingen wächst. So könnten etwa einmal monatlich generationsübergreifende Gottesdienste in einer Gemeinde realisiert werden.

Bei dieser Realisierung sind allerdings einige Gesichtspunkte von Bedeutung, die hier nur stichwortartig genannt werden sollen: In generationsübergreifenden Gottesdiensten muß auf den Vorrang der Predigt des Pfarrers/der Pfarrerin verzichtet werden, dies schon um der Kinder willen, mehr noch aber deshalb, weil das, was andere in den Gottesdienst einzubringen haben, selbst Predigt ist. An die Stelle einer wortzentrierten Verkündigung muß ein gottesdienstliches Erleben mit Herzen, Mund und Händen treten – gegründet auf eine kind- und erwachsenengemäße Liturgie. Und schließlich müssen in generationsübergreifenden Gottesdiensten Elemente miteinander ausbalanciert werden, die jeweils bestimmte Altersgruppen ansprechen, das heißt, es muß spezifische Verkündigungselemente für Kinder und solche für Erwachsene geben, und diese Elemente müssen erkennbar aufeinander bezogen sein.

In den vorgelegten Praxisbeispielen generationsübergreifender Gottesdienste wurde versucht, diese Gesichtspunkte weitgehend zu berücksichtigen. Die hier abgedruckten Gottesdienste wurden in den Jahren 1979-1989 in der Blumhardtgemeinde Heidelberg-Kirchheim entwickelt und gehalten. Oft wurden für diese Gottesdienste als Anregung literarische Vorlagen verwendet, nicht immer sind sie noch identifizierbar. Wichtiger aber als diese Vorlagen waren die Anregungen, die aus dem Miteinander der MitarbeiterInnen der Gemeinde erwuchsen. Ganz herzlich zu danken habe ich hier besonders den MitarbeiterInnen der Jugendarbeit, dem Kindergottesdiensthelferkreis, dem Arbeitskreis »Kinderbibelwoche«, den Mitgliedern der Theatergruppe, dem Ältestenkreis, den Erzieherinnen des Kindergartens, den in der Blumhardtgemeinde eingesetzten PraktikantInnen und VikarInnen, dem Organisten Sönke Wittnebel, dem Kirchendienerehepaar Windisch und meiner Kollegin Elke Klein. Sie alle haben in vielfältiger Weise dazu beigetragen, daß in den hier dokumentierten generationsübergreifenden Gottesdiensten die Fülle des Lebens geteilt und die Freundlichkeit Gottes erfahren werden konnte – von jung und alt im Miteinander der Generationen.

I. Gottesdienste zur Adventszeit

Erwartung und Erfüllung: Varenka

Im Mittelpunkt dieses Gottesdienstes steht das Kinderbuch »Varenka«, nach einer russischen Legende erzählt und illustriert von Bernadette (Nord-Süd Verlag, Mönchaltorf u. Hamburg 1971), das mit Kindern des Kindergartens ausführlich behandelt wurde. Um den Inhalt dieses Kinderbuches im Gottesdienst darstellen zu können, waren umfangreiche Werkarbeiten nötig:

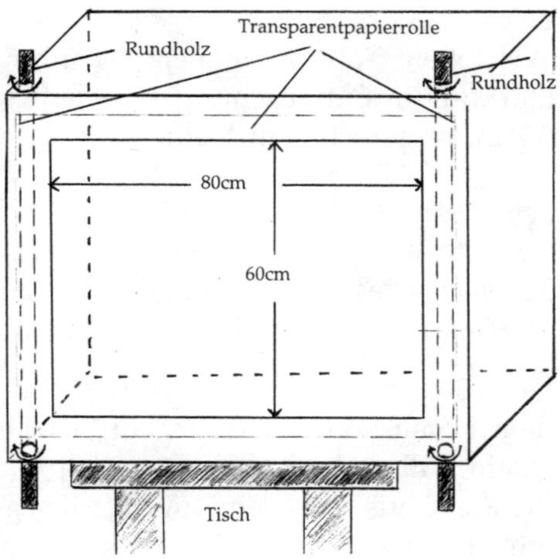

Auf einer großen Rolle Transparentpapier (Breite ca. 60 cm, Länge ca. 6 m) wurden durch die Erzieherinnen sieben Szenen der Geschichte dargestellt, indem diese Szenen auf schwarzes Tonpapier übertragen, ausgeschnitten und auf das Transparentpapier geklebt wurden. Die Transparentpapierrolle wurde auf zwei Rundhölzer (Länge ca. 80 cm) gewickelt, die in einem Waschmaschinenkarton befestigt wurden, in den zuvor ein Fenster von 60 cm x 80 cm geschnitten worden war. Durch Drehen der Rundhölzer konnte nun die Transparentpapierrolle abgewickelt und so nach und nach jede der sieben Szenen sichtbar gemacht werden. Um die Wirkung des Schattenspiels zu erhöhen, wurde der Waschmaschinenkarton im Altarraum erhöht aufgestellt und von hinten mit einer Lampe (60 Watt) ausgeleuchtet. Ein faszinierendes Schattenspiel war entstanden!

Lied

Geht, ruft es von den Bergen (in zahlreichen Weihnachtsliederbüchern und in vielen Anhängen zum EKG abgedruckt)

Votum

Spruch
Der Herr wird kommen, zu erlösen die Völker; er wird seine herrliche Stimme erschallen lassen, und ihr werdet euch von Herzen freuen.
Ehre sei dem Vater...

Eingangsgebet
Herr, unser Gott,
wir leben voller Erwartungen, aber oft erfüllt sich nicht, was wir erwarten.
Wir erwarten Hilfe in Nöten, aber manchmal können wir Hilfe nicht erkennen.
Wir erwarten Gutes für unsere Kinder, oft aber gehen unsere Kinder unerwartete Wege.
Wir erwarten Frieden für unsere Welt, aber immer wieder wird diese Erwartung enttäuscht.
Wir erwarten in diesen Tagen des Advents dein Kommen, aber wir nehmen dein Kommen nicht wahr.
Herr, wir leben voller Erwartungen an dich.
Öffne unsere Augen auch für die Erfüllungen, die du uns schenkst,
und stärke uns in unseren Enttäuschungen. Amen.

Lobvers
Wir loben Gott für manche Erfüllung in unserem Leben und für manche Stärkung in Enttäuschungen, indem wir miteinander singen:
6,2 Er ist gerecht, ein Helfer wert

Schriftlesung
Das alte Volk Israel lebte in großer Erwartung, in Erwartung des Retters, des Messias. Dieser Erwartung haben die Propheten des Alten Bundes immer wieder Ausdruck verliehen. Hören wir, was der Prophet Sacharja schreibt:

Du, Tochter Zion, freue dich sehr, und du, Tochter Jerusalem, jauchze! Siehe, dein König kommt zu dir, ein Gerechter und ein Helfer, arm und reitet auf einem Füllen der Eselin. Denn ich will die Wagen wegtun aus Ephraim und die Rosse aus Jerusalem, und der Kriegsbogen soll zerbrochen werden. Denn er wird Frieden gebieten den Völkern, und seine Herrschaft wird sein von einem Meer bis zum andern und vom Strom bis an die Enden der Erde (Sach 9,9.10).

Lied
Tochter Zion, freue dich

Predigtteil

Pfr.: Im Mittelpunkt unseres Gottesdienstes steht heute die Geschichte von einer Frau, die Erwartungen an Gott hatte, die Geschichte von Varenka. Wir erleben diese Geschichte mit, indem sie uns erzählt und zugleich als Schattenspiel dargestellt wird.

Eine Erzieherin erzählt, zwei »bedienen« das Schattenspiel:

1. Vor langer Zeit lebte in den Wäldern Rußlands die Witwe Varenka in ihrem kleinen Haus. Sie war genügsam und hatte alles, was sie brauchte: einen Tisch, Stühle, Schränke und an der Wand ein Kreuz, vor dem immer frische Waldblumen standen. Nachts schlief Varenka wie alle einfachen Leute auf dem warmen Ofen.

Bild 1

Bild 2

2. Varenka lebte sehr zufrieden und glücklich in ihrem kleinen Haus. Doch eines Tages kamen ganz aufgeregt viele Leute, die ihr zuriefen: »Varenka, du mußt fliehen! Weißt du nicht, daß ein schrecklicher Krieg wütet? Nimm deine Sachen und flieh mit uns!« Doch Varenka sagte: »Ich kann nicht weg von hier. Wer soll die Tiere im Winter füttern? Wer soll durstigen Wanderern etwas zu trinken geben, und wer soll Kindern helfen, die sich verirrt haben? Ich bleibe hier. Geht ihr nur weiter!«

3. Die Leute zogen weiter, und als es still wurde, hörte Varenka tatsächlich das Donnern der Kanonen. Sie bekam große Angst. Sie kniete nieder vor dem Kreuz und betete zu Gott: »Bitte, lieber Gott, hilf mir; ich habe solche Angst. Baue eine Mauer um mein Haus, damit die Soldaten mich nicht finden können.« Nachts wurde es ruhig, und die Kanonen verstummten. Aber Gott kam nicht und baute keine Mauer um Varenkas Haus.

Bild 3

4. In den nächsten Tagen kamen immer mehr Leute zu Varenka und erzählten ihr, wie schrecklich der Krieg wütet und wie groß ihre Angst ist. Da war Pjotr, dessen Hütte von den Soldaten niedergebrannt wurde und der gerade noch mit seiner kleinen Ziege fliehen konnte. Anschließend kam Stjepan, der erzählte, daß alle Wälder, Dörfer und Felder verbrannt waren und er seit Tagen Schutz in einem hohlen Baum suchte aus Angst vor den Soldaten. Das einzige, was er retten konnte, war eine kleine Blume und ein Gemälde. Er war

Bild 4

Maler. Varenkas Angst wurde immer größer. Als dann auch noch Bodula, ein Mädchen, das seine Eltern auf der Flucht verloren hatte, und ihre weiße Taube zu ihr kamen und Schutz suchten, wußte sie keinen Ausweg mehr. Den ganzen Tag hörten sie das Donnern der Kanonen.

5. Als es abends ruhig wurde, beteten sie alle zu Gott. Die Ruhe brachte Frieden in ihre Herzen. Varenka sagte: »Bitte, lieber Gott, heute Nacht mußt du kommen und eine Mauer um mein Haus bauen, sonst sind wir verloren. Die Soldaten kommen jeden Tag näher, und morgen werden sie hier sein. Dann sind wir verloren.«

Bild 5

6. Auch in dieser Nacht wurde es still. Als Varenka zum Fenster hinausschaute, sah sie Schnee. Es schneite die ganze Nacht, und als die Soldaten am nächsten Tag kamen, war das Haus im Schnee versteckt. Sie zogen daran vorbei und konnten es nicht finden. Stjepan, Pjotr, Bodula und Varenka dankten Gott, daß er sie gerettet hatte. Die Soldaten zogen weiter. Es gab keinen Krieg mehr in diesem Teil Rußlands.

Bild 6

7. Als der Schnee schmolz, traten die Freunde vor das kleine Haus. Die Ziege machte übermütige Sprünge, Stjepans Blume wurde vor Varenkas Haustüre gepflanzt. Als der Frühling kam, fand Bodula ihre Eltern wieder, die Ziege hatte ein kleines Zicklein. Aus dem Samen der Blume wuchsen kleine Blumen, und die Taube flog weit weg, um der Welt den Frieden zu verkündigen – und Stjepan malte Bilder von der Geschichte, wie Gott den Freunden geholfen hatte.

Bild 7

Ansprache des Pfarrers/der Pfarrerin

Liebe Eltern und Paten, liebe Gemeinde!
Wie haben wir Varenka eben erlebt? Haben wir lächelnd den Kopf geschüttelt über ihren frommen Wunsch, Gott möge eine Mauer um ihr Haus bauen? Lächeln wir über ihre kindliche Art, in der diese Frau ihre Erwartungen an Gott richtete, ihre Erwartungen, die auf Hilfe und Rettung zielten?
Ich denke, unser Lächeln wird uns sogleich vergehen, denn hinter Varenkas kindlicher Naivität entdecken wir bei näherem Hinsehen ein großes Vertrauen in Gott, eine beeindruckende Offenheit für Gottes helfendes Tun. In Varenka begegnen wir einem Menschen, der nicht verschlossen ist in sich,
der sich nicht verläßt auf seine eigenen Gedanken und Taten,
der erwartet, daß Gott helfend ins Leben eingreifen wird.
In Varenka begegnen wir einem Menschen voller Erwartung, einem Menschen, der in Erwartung des kommenden Gottes lebt, einem Menschen, in dessen Herzen es Advent ist.
Darin ähnelt Varenka den gläubigen Menschen im alten Israel. Auch sie erwarteten von Gott Hilfe, auch sie waren offen für sein Kommen, und auch sie hatten von dieser Hilfe Gottes sehr konkrete Vorstellungen. Sie hofften auf einen mächtigen Retter, auf einen König wie David, auf einen Messias mit Macht und Ehren, der ihnen Hilfe und Rettung bringen sollte.
Und wir? Leben nicht auch wir in Erwartung? Wenden wir uns nicht auch mit unseren Erwartungen im Gebet an Gott? Und haben nicht auch wir zumeist sehr konkrete Vorstellungen davon, wie Gott uns helfen müßte? Gerade im Blick auf unsere Kinder entwickeln wir doch nur allzu leicht ganz konkrete Erwartungen, um deren Erfüllung wir Gott bitten. Darin also kommen wir Varenka sehr nahe.
Aber wir erleben oft auch genau das, was Varenka ebenso erleben mußte wie die gläubigen Menschen im alten Israel, daß nämlich Gott nicht automatisch unsere Erwartungen erfüllt.
Gott kam nicht zu Varenka, um eine Mauer um ihr Haus zu bauen,
Gott kam nicht zum Volk Israel in der Gestalt des erwarteten mächtigen Messiaskönigs,
Gott kommt nicht zu uns, um unsere verschiedenartigen konkreten Erwartungen zu erfüllen.
Gottes Erfüllungen geschehen nicht automatisch, sie sind nicht immer eindeutig, sie kleiden sich oft in eine Gestalt, die sie schwer erkennbar oder verwechselbar macht:
Varenkas Haus wurde in Schnee eingehüllt, so daß die Soldaten es nicht finden konnten,
der Messias des alten Volkes Israel hüllte sich in die unscheinbare Gestalt des Jesus von Nazareth,
die Hilfe für uns und unsere Kinder geschieht nicht durch aufsehenerregende Wunder, sondern durch unscheinbare Hilfe im Alltag.
Ja, Gottes Erfüllungen verhüllen sich, und nicht jedes Auge kann sie als *Gottes* Hilfe erkennen.

Mit den Augen des Glaubens erkennt Varenka hinter den Schneeflocken, die ihr Haus bedecken, Gottes rettendes Tun,
mit den Augen des Glaubens erkannten Menschen seit 2000 Jahren in Jesus von Nazareth den Retter der Welt,
mit den Augen des Glaubens können wir hinter allem Alltäglichen Gottes Hilfe entdecken: hinter einem freundlichen Wort Gottes Liebe,
hinter Leid und Not Gottes Begleitung,
hinter manchem Fehlschlag Gottes Erfüllung.
Gott schenke uns solche Augen des Glaubens, die den Blick weglenken von unseren konkreten Erwartungen und die uns offen machen für seine rettenden Erfüllungen – in unserem Leben und im Leben unserer Kinder. Amen.

Lied des Kinderchors (ein Lied von der Erfüllung)
In einer kalten, klaren Nacht (Lied 1 im Anhang)

Taufe

Kinder-Evangelium

Taufbefehl

Glaubensbekenntnis mit Tauferinnerung
Liebe Schwestern und Brüder!
Die meisten von uns sind als Kinder getauft worden. Heute morgen werden wir an unsere eigene Taufe erinnert. Wir wollen nun das Taufversprechen bekräftigen, das einst an unserem Tauftag unsere Eltern und Paten an unserer Stelle gesprochen haben. Wir sprechen die Worte des Taufbekenntnisses, wie es von unseren Vätern und Müttern im Glauben überliefert wurde, indem wir auf die alte Tauffrage mit je einem Artikel des apostolischen Glaubensbekenntnisses antworten:

Glaubt Ihr an Gott?
Ich glaube an Gott den Vater...

Glaubt Ihr an Jesus Christus?
Ich glaube an Jesus Christus...

Glaubt Ihr an den Heiligen Geist?
Ich glaube an den Heiligen Geist...

Ihr habt öffentlich Euren Glauben bekannt. Wollt Ihr diesem Bekenntnis gemäß zu Gottes Volk gehören und dem Bund treu bleiben, den Gott mit Euch in der Taufe geschlossen hat? Wollt Ihr auf sein Wort hören, einander als Schwestern und Brüder annehmen, das Evangelium Christi vor aller Welt bezeugen und im Geiste Jesu für Wahrheit, Gerechtigkeit und Frieden in der Welt eintreten, dann antwortet alle gemeinsam: Ja, mit Gottes Hilfe.

Ja, mit Gottes Hilfe.

Liebe Eltern und Paten, wollt Ihr in diesem Glauben Euer Kind taufen lassen und erziehen, so antwortet: Ja, mit Gottes Hilfe.
Ja, mit Gottes Hilfe.

Die nachfolgende Taufhandlung wird liturgisch gestaltet, indem nach der Taufe eines jeden Kindes während der Überreichung der Taufkerze die Gemeinde die weihnachtliche Erwartung des Friedens durch den Gesang »Herr, gib uns deinen Frieden« zum Ausdruck bringt.

Lied der Gemeinde (auf die Melodie EKG 151)
Kind, du bist uns anvertraut

1. Kind, du bist uns anvertraut. Wozu werden wir dich bringen?
   Wenn du deine Wege gehst, wessen Lieder wirst du singen?
   Welche Worte wirst du sagen und an welches Ziel dich wagen?
2. Kampf und Krieg zerreißt die Welt, einer drückt den andern nieder.
   Dabei zählen Macht und Geld, Klugheit und gesunde Glieder.
   Mut und Freiheit, das sind Gaben, die wir bitter nötig haben,
3. Freunde wollen wir dir sein, sollst des Friedens Brücken bauen.
   Denke nicht, du stehst allein; kannst der Macht der Liebe trauen.
   Taufen dich in Jesu Namen. Er ist unsre Hoffnung. Amen.

Fürbittgebet
Herr, wir bitten dich für die getauften Kinder, für die Kinder unseres Kindergartens, für alle Kinder unserer Gemeinde,
daß sie in ihrem Leben niemals aufhören, dich zu erwarten,
daß sie ein Leben in Erwartung leben dürfen.
Herr, wir bitten dich für die Eltern und Paten der getauften Kinder, für alle Eltern, daß sie ihre Kinder nicht mit übersteigerten Erwartungen quälen und daß sie lernen, Enttäuschungen anzunehmen.
Herr, wir bitten dich für alle, die nichts mehr erwarten, weil sie satt sind oder lebensmüde,
mach sie offen für dein Kommen.

Vaterunser

Schlußlied

Segen

Leben im Licht des Advents: Beppo Sala

Dieser Gottesdienst wurde mit MitarbeiterInnen aus der Jugendarbeit vorbereitet, Jungscharkinder haben den Taufteil mitgestaltet und eine Sprechmotette zum Thema erarbeitet und vorgetragen, JungscharleiterInnen haben die Lesung der Gebete und anderer Texte übernommen. Ein ähnlicher Gottesdienst kann auch mit Jugendlichen oder jungen Erwachsenen vorbereitet werden. Dann bietet sich auch eine reichhaltigere musikalische Ausgestaltung an.

Eingangslied
14,1-3 Die Nacht ist vorgedrungen

Votum

Spruch
Sehet auf und erhebet eure Häupter darum, daß sich eure Erlösung naht.
Ehre sei dem Vater ...

Gebet
Herr, wir sind auf der Suche nach dem Licht des Advents,
auf der Suche nach dem Licht der Freude, der Hoffnung, der Liebe und der Geborgenheit.
Herr, wir sind auf der Suche nach dir. Wir warten auf dich, auf dein Kommen, auf deinen Segen.
Herr, laß das Licht des Advents erstrahlen in diesem Gottesdienst, in unseren Herzen, daß wir es weitergeben an andere, die auf dieses Licht noch warten.
Herr, laß uns deine Ankunft erfahren, deinen Segen, in diesem Gottesdienst, in unserem Leben, im Leben unserer Kinder, die uns anvertraut sind und die wir heute zur Taufe bringen.
Kyrie eleison...

Gnadenspruch
Hört den Trost des Evangeliums: Christus spricht: Ich bin gekommen, daß sie das Leben und volle Genüge haben sollen.

Lobvers
Lobsingt dem Herrn und preist seine Gnade: 11,1-2

Taufen im Licht des Advents

Nach einer kurzen Einführung des Pfarrers/der Pfarrerin wird das Licht des Advents durch JungscharleiterInnen und Jungscharkinder vorgestellt:

- Eine Jungscharleiterin erklärt, was der Brauch des Adventskranzes bedeutet und wie sie die Lichter im Advent empfindet.
- Jungscharkinder stellen sich in der Form einer Sprechmotette als Lichter des Advents vor: Ich bin ein Licht des Advents, das Licht der Hoffnung/Freude/Geborgenheit/Vertrauen/Wärme/Liebe/Geduld/Leben usw.
  Ich brenne, weil...

Pfr.: Im Licht des Advents wollen wir heute Kinder taufen. Das Licht des Advents soll ihren Lebensweg begleiten. Wenn wir nun taufen, erinnern wir uns an Jesus Christus, der selbst das Licht der Welt ist und der uns den Auftrag zur Taufe gegeben hat mit den Worten:
Mir ist gegeben alle Gewalt im Himmel und auf Erden. Darum gehet hin in alle Welt und macht alle Völker zu meinen Jüngern und tauft sie auf den Namen des Vaters, des Sohnes und des Heiligen Geistes. Und lehrt sie alles halten, was ich euch befohlen habe. Und siehe, ich bin bei euch alle Tage bis ans Ende der Welt.
Stellvertretend für die Kinder und als Zeichen unserer Zugehörigkeit zur Kirche Jesu Christi wollen wir gemeinsam unseren christlichen Glauben bekennen. (Gemeinsam wird das Glaubensbekenntnis gesprochen.)

Liebe Eltern und Paten!
Ihr wollt Euer Kind taufen lassen im Licht des Advents. Seid Ihr bereit, durch Eure Erziehung Eurem Kind zu helfen, daß es in der Gemeinde Jesu Christi dieses Licht des Advents weitergeben kann – in Liebe und Geduld, in Freude und Hoffnung. Wollt Ihr durch Eure Erziehung helfen, daß dieses Kind als Christ heranwächst, dann antwortet: Ja.

Antwort der Eltern und Paten

Die Gemeinde weiß um ihre Verpflichtung, Ihren Kindern das Licht des Advents glaubwürdig zu bezeugen.

Die nun folgende Taufhandlung wird liturgisch gestaltet, indem jeweils nach der Taufe eines Kindes den Eltern und PatInnen von den Jungscharkindern ein Licht des Advents als Taufkerze überreicht und durch die Gemeinde auf die Melodie EKG 151 eine Liedstrophe (aus: D. Frettlöh, Neue Lieder nach alten Melodien) gesungen wird, die das Geschehen der Taufe kommentiert. Daraus ergibt sich folgender Ablauf:

Taufhandlung

Überreichung des Adventslichtes, dazu Liedstrophe der Gemeinde:
Dieses Kind ist noch zu klein, um ein Ja zu Gott zu sagen.
Dennoch – unser Kind ist sein – Gottes Treue wird es tragen.
Kann's auch noch nicht selber laufen, bringen wir's, um es zu taufen.

Taufhandlung

Überreichung des Adventslichtes, dazu Liedstrophe der Gemeinde:

Jesus Christus ruft sein Wort allen Völkern zu auf Erden.
Keinen Menschen schickt er fort. Allen will er Bruder werden,
auch den Kleinen und den Schwachen, ob sie weinen oder lachen.

Taufhandlung

Überreichung des Adventslichtes, dazu Liedstrophe der Gemeinde:

Dieses Kind ist noch zu klein, weiß noch nichts von Gottes Güte.
Dennoch – unser Kind ist sein – und wir bitten Gott: Behüte
unser Kind auf allen Wegen, schließ es ein in deinen Segen.

Werden mehr als drei Kinder getauft, sind auf dieselbe Melodie noch die auf S. 15 abgedruckten Texte oder die Texte des Liedes »Gott und Vater nimm jetzund« von J. J. Spreng (in vielen Regionalteilen des EKG abgedruckt) zu verwenden.

Taufen in adventlicher Erwartung

Pfr.: Taufen im Advent, das heißt nicht nur taufen im Lichte des Advents, das heißt auch taufen in der Erwartung des Advents. Das heißt: Unsere Kinder anstecken mit adventlicher Erwartung. Aber was erwarten wir? Was erwarten unsere Kinder? Welche Erwartungen geben wir an sie weiter? Diesen Fragen wollen wir nun nachgehen. Dazu hören wir zunächst eine Geschichte von einem Jungen, der voller Hoffnung wartete, die Geschichte von Beppo Sala (ein Jungscharleiter liest die im Vorlesebuch Religion, Bd. 1, S. 312-314, Kaufmann-Verlag u.a. abgedruckte Geschichte von B. Imgrund vor):

Alle Kinder waren in der Schule. Nur Beppo, acht Jahre alt, stand mutterseelenallein auf einem Hügel und starrte angestrengt zum Himmel hinauf. Dort oben war ein winziger Punkt. Seinetwegen hatte Beppo die Schule geschwänzt. Es war ein roter Luftballon. Beppo hatte zwanzig Lire geopfert, um ihn kaufen zu können. Das war eine Menge Geld für Beppo! Trotzdem hatte er den Luftballon gekauft – nur so, zum Davonfliegen?
Beppo hatte niemandem erzählt, was er damit anfangen wollte. Heimlich hatte er einen Brief geschrieben und ihn an der Schnur des Luftballons angebunden. Und als alle Kinder in der Schule waren, hatte er sich fortgeschlichen, um auf dem Hügel seinen Luftballon steigen zu lassen. Hoffentlich würde der Wind die Botschaft nicht abreißen!
»Lieber Gott«, stand mit großen Buchstaben auf dem Zettel geschrieben, »in ein paar Wochen bekomme ich einen kleinen Bruder. Wir sind sechs Kinder, und meine Eltern haben wenig Geld. Der Kleine muß mit Pedro und mir

zusammen schlafen, weil wir nicht genug Bettzeug haben. Bitte, lieber Gott, mach doch, daß ich dem kleinen Bruder einen Strohsack mit Bettzeug zurechtmachen kann! Es darf ruhig etwas Gebrauchtes sein! Ich wohne in Arcole in Italien. Dein Beppo Sala.«

So hatte Beppo geschrieben, und er hoffte, daß der, für den der Zettel bestimmt war, ihn würde lesen können. Und als der kleine rote Punkt in der Höhe verschwunden war, trottete Beppo voll Zuversicht nach Hause: Gott wird helfen.

Die nächsten Tage waren für Beppo nicht leicht zu ertragen. Er wartete voll Spannung. Aber nicht das geringste geschah. Es war, als ob es seinen roten Luftballon niemals gegeben hätte. Das einzige, was sich ereignete, war, daß er nachsitzen mußte, weil er die Schule geschwänzt hatte.

Aber dann geschah doch etwas. Es war am vierten Tag, nachdem er den Luftballon losgelassen hatte. Schon von weitem erkannte Beppo den Paketkarren des Postboten vor seinem Elternhaus. Aufgeregt stürmte er ins Haus. Drinnen fand er die ganze Familie in der Küche versammelt. Mitten auf dem Tisch lag ein Paket. Vater Sala zankte sich mit dem Postboten. Aus dem Stimmengewirr hörte Beppo den Baß seines Vaters heraus. »Du willst Postbote sein, Antonio, und begreifst nicht einmal, daß dieses Paket unmöglich für uns sein kann?« Der Briefträger rollte die Augen. »Du Dummkopf!« schrie er. »Kannst du nicht lesen? Sala – Familie Sala! Da steht es!«

»Jawohl, so heißen wir. Aber wir kennen niemand in Rovigo. Und geschenkt nehme ich nichts, das weißt du! Nimm das Paket wieder mit!« Und damit versetzte der Vater dem Paket einen Hieb, daß die zwei kleinen Salakinder, die munter auf dem Fußboden herumkrochen, erschreckt unter den Tisch flüchteten.

Beppo hielt es nicht länger aus. »So macht das Paket doch auf!« schrie er, außer sich vor Erregung, »dann werden wir sehen, ob es für uns ist oder nicht!« Der Lärm verstummte. Unter den buschigen Brauen hervor warf der Vater einen finsteren Blick auf den vorlauten Sohn und überlegte. »Also los!« fuhr er den Postboten an. »Du hörst es doch, öffne!«

Hastig riß der Mann die Schnüre auf. Als er den Deckel zurückschlug, wurde es ganz still in der Küche. Und alle sahen, wie es weiß aus dem Karton herausleuchtete: Windeln, Bettzeug und winzige Kinderwäsche! Nicht gerade nagelneu, aber heil und sauber. Ein Schatz für die Familie Sala! Die Augen der Mutter leuchteten.

War es nicht wie ein Wunder, daß Gott ausgerechnet in Rovigo, fast hundert Kilometer von Arcole entfernt, ein Paket für die Familie Sala zur Post gab?

Ein Glück, daß wenigstens kein Absender angegeben war, dachte Beppo. Nun konnte der Vater das Paket nicht zurückschicken!

Und während der Inhalt des Paketes von Hand zu Hand ging, schlich Beppo sich leise hinaus. Sein Herz war übervoll. Rasch, rasch eilte er zu dem Hügel, wo er vor vier Tagen den roten Luftballon zum Himmel geschickt hatte, und dankte dem gütigen Geber.

Ansprache des Pfarrers/der Pfarrerin

Liebe Eltern und Paten, liebe Gemeinde!
Dieser Beppo Sala. Halten wir ihn für verrückt? Wie kann man denn seine Wünsche und Erwartungen an einen Luftballon hängen und zu Gott hinaufschicken? Wie kann man nur so naiv sein, daß man glaubt, so würde Gott unsere Wünsche erfüllen? Wie kann man nur!
Beppo Sala – mitleidig belächeln wir ihn. Nur ein Kind kann so etwas tun wie er. Nur ein Kind, das noch nicht mit beiden Füßen im Leben steht.
Wirklich? Kann das nur ein Kind: seine Erwartungen und Wünsche zu Gott senden? Kann das nur ein Kind: hoffen, daß es einen Helfer gibt, einen Retter? Kann das nur ein Kind?
Ich erinnere mich an andere Menschen, die das auch konnten und können: warten, auf Gott warten. Ich erinnere mich an die großen Propheten des Alten Testamentes, ich erinnere mich an die Hirten von Bethlehem, ich erinnere mich an die Kranken und Behinderten zur Zeit Jesu, ich erinnere mich an kranke Menschen heute, die ihre Hoffnung nicht aufgegeben haben, ich erinnere mich an manch alte Menschen, die mich mit ihren Erwartungen und Hoffnungen angesteckt haben. Sie alle konnten und können das, was Beppo Sala tat: warten und hoffen, daß Gott zu ihnen kommt mit seiner Hilfe.
Nur wir, wir tun uns schwer mit solch einem Warten: Wir Erwachsenen, wir Klugen und Gescheiten, wir Gesunden und Wohlhabenden. Wir haben es verlernt, das Warten. Wir haben gelernt, uns Wünsche selbst zu erfüllen. Wir lächeln über den naiven Beppo aus Italien. Wir lächelten, als wir vorhin die Adventserwartungen der Kinder hörten, dieses Suchen nach dem Licht der Hoffnung, der Freude, der Geborgenheit, der Liebe und der Geduld. Wir lächeln und denken bei uns: Von wem sollen wir dies Licht denn schon erwarten, wir stecken es uns selber an. Wir machen den Advent hell mit unserem eigenen Licht. Wer wartet, daß Gott das Licht des Advents entzündet, der wartet vergeblich, so meinen wir.
Ich muß sagen: Wir müßten uns selbst leid tun. Kindliches Warten läßt noch das Angewiesensein auf einen anderen erkennen, das Angewiesensein auf Gott. Indem wir das kindliche Warten lächelnd abtun, stellen wir den zur Seite, auf den wir im Letzten angewiesen sind. Stellen wir den zur Seite, der im Advent zu uns kommen will. Ja, es ist traurig, aber wahr: Wir Erwachsenen haben mit großer Gründlichkeit verlernt, noch Erwartungen zu haben. Und mit diesem Verlernen haben wir uns dem verschlossen, auf den sich alles menschliche Erwarten richtet: Gott.
Wie kann in dieser Situation christliche Erziehung gelingen? Wie können wir Erwachsenen in dieser Situation richtig Advent feiern? Ich glaube: wohl nur so, daß wir uns wieder neu von den Erwartungen der Kinder anstecken lassen. Unsere Kinder müssen uns neu lehren, wie man in Erwartung leben kann, in einer Erwartung, die eben mehr ist als die Selbsterfüllung unserer Wünsche. Mit einer Erwartung, die immer offen bleibt für das Neue, das Unvorhergesehene, das Undenkbare, das nur bei Gott Mögliche. Solch ein Erwarten müßten wir von unseren Kindern neu lernen. Solch ein Erwarten

sollten wir unseren Kindern nicht abgewöhnen, indem wir es als kindisch abtun und belächeln. Christen sind Menschen, die immer anderes erwarten, als man vernünftigerweise erwarten dürfte. Denn Christen sind Menschen, die wissen: es lohnt sich, Gott zu erwarten, auch wenn die Wirklichkeit anders aussieht. Denn Christen wissen: Unser Gott ist nicht am Ende, er ist ein kommender Gott. Ein Gott uns voraus. Auf ihn warten ist keine kindische Spielerei, nein, das ist christliches Leben, Leben im Advent.
Schon heute morgen können wir damit anfangen, von den Kindern zu lernen. Kinder aus der Jungschar haben sich Gedanken über ihre adventlichen Erwartungen gemacht. Sie haben diese Erwartungen besprochen, formuliert und auf kleinen Zetteln festgehalten. Sie werden uns ihre Erwartungen nun vorlesen und dann die Zettel an Luftballons befestigen und den Taufeltern überreichen.

Es folgt der im Schlußteil der Ansprache beschriebene Aktionsteil der Kinder.

Pfr.: Welche Erwartungen an Gott in bezug auf unsere Kinder haben die Eltern? Dies wollen wir zum Ausdruck bringen, indem ein Vater stellvertretend für alle Eltern ein Gedicht vorliest:

Segne dieses Kind und hilf uns, ihm zu helfen,
daß es sehen lernt mit seinen eignen Augen
das Gesicht seiner Mutter
und die Farben der Blumen
und den Schnee auf den Bergen
und das Land der Verheißung

Segne dieses Kind und hilf uns, ihm zu helfen,
daß es hören lernt mit seinen eignen Ohren
auf den Klang seines Namens
auf die Wahrheit der Weisen
auf die Sprache der Liebe
und das Wort der Verheißung

Segne dieses Kind und hilf uns, ihm zu helfen,
daß es greifen lernt mit seinen eignen Händen
nach der Hand seiner Freunde
nach Maschinen und Plänen
nach dem Brot und den Trauben
und dem Land der Verheißung

Segne dieses Kind und hilf uns, ihm zu helfen,
daß es reden lernt mit seinen eignen Lippen
von den Freuden und Sorgen
von den Fragen der Menschen
von den Wundern des Lebens
und dem Wort der Verheißung

Segne dieses Kind und hilf uns, ihm zu helfen,
daß es gehen lernt mit seinen eignen Beinen
auf den Straßen der Erde
auf den mühsamen Treppen
auf den Wegen des Friedens
in das Land der Verheißung

Segne dieses Kind und hilf uns, ihm zu helfen,
daß es lieben lernt mit seinem ganzen Herzen (*L. Zenetti*)

Pfr.: Daß Ihren Segenserwartungen Erfüllung geschenkt werde, das wirke der allmächtige und barmherzige Gott, Vater, Sohn und Heiliger Geist. Amen.

Lied
8,1-3 Auf, auf, ihr Reichsgenossen

Fürbittgebet

Vaterunser

Schlußlied

Abkündigungen

Segen

II. Gottesdienste zur Christnacht

Die folgenden vier Gottesdienste zur Christnacht wurden mit Jugendlichen und jungen Erwachsenen der Theatergruppe der Blumhardtgemeinde vorbereitet und gestaltet. Gemeinsam ist allen vier Gottesdienstentwürfen:
- ein meditativer Grundton, der die Atmosphäre der Christnacht aufnimmt und vertieft,
- der Verzicht auf eine Predigt des Pfarrers/der Pfarrerin,
- eine intensive Verbindung von Musik, gesprochenem Wort und Stille
- und die Einbeziehung der Mahlfeier als des Zentrums weihnachtlichen Feierns.

Man sagt, der Ort hieß Bethlehem

Lied
28,1-4 Ich steh an deiner Krippen hier

Votum mit Begrüßung
An Weihnachten begann sie – die Geschichte Jesu Christi. In der Krippe begann die Geschichte des Mannes, der am Kreuz endete und heute unter uns lebt. Ich begrüße Sie herzlich zu unserem Gottesdienst in der Christnacht, und ich lade Sie ein, in diesem Gottesdienst den Weg des Jesus Christus mitzugehen von der Krippe über das Kreuz hin zu seiner lebendigen Gegenwart im Mahl seiner Gemeinschaft. So laßt uns diesen Gottesdienst feiern im Namen des Vaters, des Sohnes und des Heiligen Geistes. Amen.

Spruch
Also hat Gott die Welt geliebt, daß er seinen eingeborenen Sohn gab, damit alle, die an ihn glauben, nicht verloren werden, sondern das ewige Leben haben. Ehre sei dem Vater...

Gebet
Herr, unser Gott,
deine Engel haben an Weihnachten den Frieden auf Erden verkündet.
Aber über Bethlehem und über vielen Orten der Erde liegt Unfrieden.
Das macht es uns schwer, darauf zu vertrauen, daß mit Jesus unser Friede wirklich gekommen ist.

Und denken wir daran, wie das Leben Jesu am Kreuz endete, so zweifeln wir, ob dieser Jesus uns wirklich Frieden bringen konnte.
Hilf, daß wir die Geschichte Jesu heute neu hören.
Laß sie uns so hören, daß sie unseren Glauben stärkt
und unseren Zweifel in Gewißheit wandelt. Amen.

Lied
21,1-3.5 Lobt Gott, ihr Christen

Schriftlesung
Mit der Schriftlesung stellen wir die Geschichte von der Geburt Jesu in den Zusammenhang der Geschichte seines Lebens.

Zwei SprecherInnen lesen abwechselnd:

Lk 2,1-7	Mt 20,17-19; 26,36-39
Lk 2,8-14	Mt 26,57.59.62-66
Lk 2,15-20	Mt 27,26-30

Predigtteil

Der Predigtteil weist eine klare dreigliedrige Struktur auf, die durch das Lied »Man sagt, der Ort hieß Bethlehem« vorgegeben ist. Die drei Strophen dieses Liedes werden vom Organisten, einer Sängerin, einem Sprecher, einem Posaunenquartett mit Gesangsgruppe und der Gemeinde in jeweils fünf Schritten entfaltet, so daß sich folgender Ablauf ergibt:

1. *Improvisation auf der Orgel* über das Lied »Man sagt, der Ort hieß Bethlehem« (Lied 2 im Anhang), dazu Lesung der ersten Strophe. – Die *erste Strophe* wird von einer Sängerin vorgetragen (begleitet von der Orgel).

Meditativer Text
Die Geburt in Bethlehem (von einer Jugendlichen verfaßt)

Man sagt, daß vor 2000 Jahren in Bethlehem der Heiland geboren wurde.
Am Rand der Stadt.
In einem Notquartier.
Auch heute werden Menschen in Notquartieren geboren.
In aller Welt.
In den Slums von New York.
In den Straßen von Kalkutta.
In den Favelas von Lima.
In den trostlosen Dörfern der Homelands von Südafrika.
In den Hinterhöfen unserer Großstädte: Kreuzberg, St.Pauli.

Zwischen Abfallbergen und Mülltonnen,
in Wellblechhütten und Kanalisationsröhren werden Kinder geboren.
»Neue Armut« – auch bei uns:
Arbeitslose ohne Zukunft,
Obdachlose auf der Suche nach etwas Wärme – täglich 200 hier in Heidelberg.
Manchem droht in diesem Winter der Kältetod.
Wir sagen: Bethlehem ist heute!
Wir sagen: Bethlehem ist überall!

Refrain
»Die Angst, die Angst vergeht« (Refrain zu Lied 2 im Anhang) wird zuerst einstimmig von einer Gesangsgruppe vorgetragen (begleitet von einer Trompete), dann vierstimmig (begleitet vom Posaunenquartett).

Während die *Kerzen auf dem Altar* entzündet werden (als Zeichen der Menschwerdung Gottes in Bethlehem), singt die Gemeinde:
Zu Bethlehem geboren

2. *Improvisation auf der Orgel* über das Lied »Man sagt, der Ort hieß Bethlehem«, dazu Lesung der zweiten Strophe. – Die zweite *Strophe* wird von einer Sängerin vorgetragen (begleitet von der Orgel).

Meditativer Text
Leiden und Tod Jesu (von einer jungen Erwachsenen verfaßt)

Man sagt, Jesus Christus habe seinen Namen wahrgemacht,
indem er bereit war, zu helfen und für seine Hilfe zu leiden.
Empfinden wir seine Hilfe heute noch?
Gilt sein Name heute noch?
Oder resignieren wir im Blick auf trostlose Zustände in aller Welt?
Wir sehen Menschen, die – wie Jesus – riskieren, als Straftäter abgestempelt zu werden,
weil sie sich gegen soziale und wirtschaftliche Ungerechtigkeit wehren,
weil sie den Kriegsdienst verweigern,
weil sie den Bauplatz der Startbahn-West in Frankfurt besetzen.
Wir sehen Menschen, die bereit sind, – wie Jesus – sich Schauprozessen
und Kreuzverhören, Folter und Hinrichtung auszusetzen,
weil sie für die Gleichbehandlung aller Menschen eintreten,
weil sie für die Einhaltung der Menschenrechte streiten,
weil sie gegen die Apartheid kämpfen.
In diesen Menschen sehen wir ihn: Jesus, der den Namen »Gott hilft« trug.
Wir sagen: Auch heute noch macht er seinen Namen wahr.

Refrain
»Die Angst, die Angst vergeht«, zuerst einstimmig, dann vierstimmig.

Während *Kerzen an einem im Altarraum aufgestellten Holzkreuz* angezündet werden (als Hinweis auf die Kreuzigung Gottes), singt die Gemeinde:
27,4+7 Er nimmt auf sich, was auf Erden

3. *Improvisation auf der Orgel* über das Lied »Man sagt, der Ort hieß Bethlehem«, dazu Lesung der dritten Strophe. – Die dritte *Strophe* wird von einer Sängerin vorgetragen (begleitet von der Orgel).

Meditativer Text
Der lebendige Christus unter uns (von einem jungen Erwachsenen verfaßt)

Man sagt, Jesus Christus stand vom Tode auf und lebt unter uns.
Er lebt unter uns,
obwohl unser Überfluß uns wichtiger ist als er.
Er lebt unter uns,
obwohl der Hunger in der Dritten Welt von uns mitverursacht ist.
Er lebt unter uns,
obwohl die Erforschung des Weltraums zunehmend militärisch mißbraucht wird.
Er lebt unter uns,
obwohl unter dem Schlagwort »Klassenkampf« Diktaturen herrschen und Terroristen morden.
Er lebt unter uns,
wo Menschen bereit werden, von ihrem Überfluß abzugeben und geschwisterlich zu leben.
Er lebt unter uns,
wo über Abrüstung nicht nur geredet, sondern wo Abrüstung riskiert wird.
Er lebt unter uns,
wo Menschen gewaltfrei für Gerechtigkeit eintreten.
Wir sagen: Er lebt unter uns!

Refrain
»Die Angst, die Angst vergeht«, zuerst einstimmig, dann vierstimmig

Während die *Kerzen im Kirchenschiff* angezündet werden (als Hinweis auf den unter uns lebendigen Gott), singt die Gemeinde:
330,1+3 Jesus, meine Zuversicht

Abendmahlsfeier

Die liturgische Gestaltung nimmt Anregungen aus der Badischen Agende, 2. Lieferung 1984 »Gebete zum Abendmahl« auf; abgedruckt bei Kugler/Lindner, Neue Familiengottesdienste III, Gütersloh 1979, 149ff.

Präfation

Vater, in dieser Nacht der Freude sagen wir dir Dank,
denn du hast uns nicht verlassen, als wir eigene Wege gingen,
du hast gelitten, als wir uns nicht das Leben, sondern den Tod weitergaben,
du hast nicht von ferne zugesehen,
du bist zu uns gekommen in Jesus Christus, deinem Sohn,
in dem Kind, das in der Krippe liegt, arm und elend,
in dem Mann, der am Kreuz hing, wehrlos und schwach.
So bist du uns ganz nahe gekommen.
Du läßt Frieden auf Erden ausrufen.
Darum loben wir dich und singen von deinen Taten mit allen, die zu dir gehören, zu allen Zeiten, in allen Ländern und in allen Sprachen:

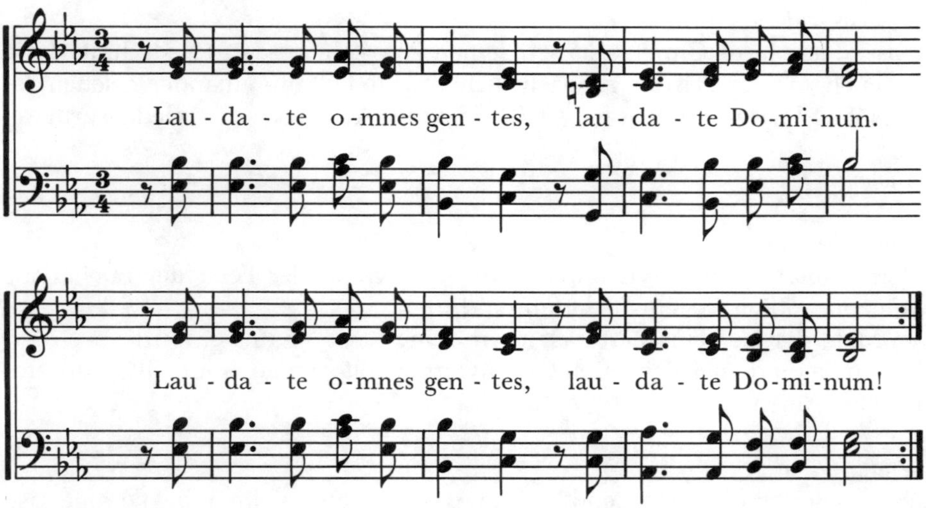

Epiklese

Herr, unser Gott!
Erfülle uns mit deinem Geist, wenn wir Brot und Kelch miteinander teilen, daß wir ein Leib werden in Christus, unserem Herrn.

Einsetzungsworte

Laß deinen Geist die Worte Christi erfüllen, der in der Nacht, in der er verraten wurde, das Brot nahm, dankte und sprach: Nehmet und esset, das ist mein Leib, der für euch gegeben wird.
Ebenso nahm er nach dem Essen den Kelch, sprach das Dankgebet und sagte: Trinket alle daraus! Das ist mein Blut, für euch vergossen zur Vergebung der Sünden. Tut dies zu meinem Gedächtnis.

Anamnese

So oft wir von diesem Brot essen und aus diesem Kelch trinken, verkündigen wir den Tod des Herrn, bis daß er kommt.

Gesang der Gemeinde
15,6+7 Gelobet seist du

Gedenkbitten
Vater, wir gedenken in dieser Nacht der Menschen, die verraten wurden wie Jesus, gefangen wie er, geschlagen und gefoltert wie er, hungernd und dürstend wie er, einsam im Sterben wie er.
Wir gedenken aller, die in dieser Nacht der Freude keine Freude empfinden.
Wir rufen zu dir und sprechen voller Hoffnung: Vater unser...

Friedensgruß
Unser Herr Jesus Christus hat zu seinen Aposteln gesagt: Friede hinterlasse ich euch, meinen Frieden gebe ich euch. Darum laßt uns einander Zeichen der Versöhnung, des Friedens geben. (Es folgt der Austausch des Friedensgrußes.)

Austeilung

Dankgebet
Herr Jesus Christus! Wir danken dir, daß wir in der Feier der Eucharistie deine lebendige Gegenwart erfahren dürfen.
Im Mahl der Gemeinschaft haben wir deine Liebe zu uns gespürt.
Laß uns von deiner liebenden Gegenwart erfüllt sein auch im Alltag unseres Lebens. Amen.

Sendung und Segen
Jesus sagt: Ich bin das lebendige Brot, das vom Himmel herabgekommen ist.
Wer von diesem Brot ißt, wird in Ewigkeit leben. Geht hin im Frieden.
Der Herr segne uns und behüte uns, der Herr lasse sein Angesicht leuchten über uns und sei uns gnädig,
der Herr hebe sein Angesicht über uns und gebe uns seinen Frieden. Amen.

Schlußlied
O du fröhliche

Orgelnachspiel

So laß mich doch dein Kripplein sein

Lied
Herbei, o ihr Gläubigen

Votum

Begrüßung
mit Hinweis auf die Vielfalt der Eindrücke dieses Heiligabends und der zurückliegenden Adventszeit, auf die Hektik dieser Zeit und auf die vielfältigen Geräusche und Klänge der Weihnachtszeit.

Stille

Sprechmotette mit Musik
(unter Aufnahme eines Textes von W. Schaube, aus: in sachen spiel und feier 4/28, Weinheim 1977, S.179): Die Orgel (besser noch Keyboard) beginnt mit kitschigen Weihnachtsliedern, wie man sie in Kaufhäusern während der Vorweihnachtszeit allerorten hören kann (zum Beispiel »Leise rieselt der Schnee«, »O Tannenbaum«, »Süßer die Glocken nie klingen«); in die Klänge der Orgel hinein wird folgender Text von vier SprecherInnen zunächst langsam und leise hintereinander gelesen, dann immer schneller und lauter durcheinander.

A: Man ist ja total überfordert.
B: Wir haben Sorgen.
C: Jetzt auch noch diese Feiertage.
D: Blöde Einkauferei!

A: Mußt du den ganzen Tag auf der Blockflöte spielen?
B: Natürlich Edeltanne, was denn sonst?
C: Dieses Jahr gibt's Pute, schön mager!
D: Der Zahnarzt fährt über die Feiertage in Urlaub.

A: Lametta ist unten rechts im Kleiderschrank.
B: Tante Hilde kommt am zweiten Weihnachtstag.
C: Das Päckchen muß noch zur Post.
D: Montag müssen wir backen, sonst schaffen wir's nicht.

A: Ach, diese strahlenden Kinderaugen!
B: In der Stadt war's vielleicht voll, die Leute drehn noch durch.
C: Die alte Frau Meier ist gestorben, ausgerechnet so kurz vor dem Fest.
D: Seid brav, sonst bringt euch das Christkind nichts.

A: Schreibst du noch die Postkarten?
B: Er mag kein Marzipan, kauf ihm lieber eine Krawatte.
C: Was ist am Heiligabend im Fernsehen?
D: Hoffentlich fällt bis Weihnachten noch Schnee.

A: Ich habe überhaupt keine Zeit.
B: Elektrische Kerzen kommen mir nicht an den Baum!
C: Lern dein Gedicht!
D: Papa baut die Eisenbahn nächste Woche auf.

A: Ein Hirte von der Krippe ist kaputt.
B: Das ist bei uns so Tradition.

Wenn die Orgelmusik und das Stimmengewirr plötzlich abbrechen, sind nur noch die Worte zu hören: »Man ist ja total überfordert.«

Meditatives Eingangsgebet
Gott, mein Vater, ich bin in dein Haus gekommen – und habe meins noch nicht so ganz hinter mir gelassen. Es fällt mir schwer, meine Gedanken zu sammeln. Vieles geht mir noch durch den Kopf. Viele Stimmen klingen noch in mir nach. Ich bin noch besetzt von den Dingen, die hinter mir liegen: Die Wochen der Vorbereitung auf dieses Fest, der heutige Nachmittag in der Familie, die Unruhe der Vorweihnachtszeit und die Unruhe des heutigen Tages, die ungewohnte Feierlichkeit an diesem Abend. Die verschiedenen Erwartungen und Bedürfnisse, die zu erfüllen mir schwer fällt. Die Geschenke, mit denen ich Freude zu machen suchte, und die, die andere mir zugedacht haben.
Und nun dies: Orgel, Lichter, Stimmengewirr, Menschen, die ich zum Teil gar nicht kenne. Welche Erfahrungen haben sie hinter sich? Was geht in ihnen vor? Was erwarten sie von dieser Stunde? Können sie hinter sich lassen, was noch in ihnen nachklingt?
Herr, es ist in mir wie in Bethlehem: Alles besetzt. Alles besetzt durch Gedanken und Gefühle, die mich ausfüllen. Und doch hast du damals einen Platz gefunden, um in diese Welt zu kommen. Hilf mir, jetzt darauf mein Augenmerk zu richten, und nicht auf meine besetzten Gedanken. Laß mich Zuflucht finden bei deiner Fantasie, die auch bei mir einen Platz finden wird, vielleicht – wie damals – nicht im Wohnzimmer meiner Seele, sondern wieder im Stall, da, wo es heute abend dunkel und still geblieben ist in mir, da, wo ich die anderen nicht hineinschauen lasse, weil es so unordentlich ist. Vielleicht findest du, wie damals in Bethlehem, gerade dort einen Platz bei mir.
Laß mich das in dieser Nacht erfahren, daß du auch für mich und bei mir geboren bist, damit ich einstimmen kann in die große Freude, die nach deinem Versprechen allem Volk widerfahren soll. Amen.

Lied
Zu Bethlehem geboren

Predigtteil

Pfr.: Viele Stimmen dringen in der Weihnachtszeit an unser Ohr. Vieles lenkt uns vom Eigentlichen der Weihnacht ab. Uns fällt es schwer, uns auf Weihnachten wirklich einzulassen. Im Stimmengewirr dieser Tage kommen wir nicht mehr zum Nachdenken darüber, was uns Weihnachten persönlich bedeutet. Wir hören Worte zu Weihnachten, die uns helfen sollen, unser eigenes Verhältnis zu diesem Fest zu klären.

Worte eines Jugendlichen

Weihnachten – die Sehnsucht nach Verzauberung
Welch ein Zauber liegt über diesen Tagen!
Festlich beleuchtete Straßen
Musik
Heiterkeit in den Gesichtern der Menschen – nur gespielte Freundlichkeit?
Sanftes Glücksgefühl zwischen Lebkuchen und Lametta
Weihnachten stellt uns einen Gutschein für Gefühle aus
Oder stimmt das alles gar nicht?
Gnadenlose Hetzjagd nach Schmuck, Pelz, Video und Computern
Volle Flugzeuge mit Weihnachtsflüchtlingen nach dem Süden
Der Lichterbaum, der die Welt erhellt
Stille, heilige Nacht?
Für viele ist Weihnachten fast alltäglich geworden
Alljährliche Verschickung von vorgedruckten Weihnachtsgrüßen – Zeichen einer vielleicht unbeholfenen Liebe
Alljährliche Befürchtung, daß wir uns an Weihnachten etwas vergeben könnten oder nicht genug des Guten tun
Sehr wenige sagen noch: »Ich fühl's, ein Wunder ist geschehen!«
Weihnachten, wie wir es uns wünschen???
Stille, heilige Nacht???
So ist es aber nicht, denn es ist so laut in der Stadt in den Tagen vor dem Fest
Weihnachten hat viele Gesichter

Orgelchoral
Ich steh an deiner Krippen hier

Worte einer Mutter und Hausfrau

Advent heißt »Ankunft« – Zeit vor Weihnachten.
Für mich ist die Adventszeit die Zeit der Besinnung und Vorbereitung auf das »Ereignis« Weihnachten.
An Weihnachten wird die Geburt Christi gefeiert.
Christus wurde uns durch Gott gesandt, um uns zu zeigen, was es bedeutet,
Liebe, Glaube und Hoffnung,
Frieden, Geschwisterlichkeit und Barmherzigkeit
zu empfinden und zu geben.
Über all dies möchte ich an Weihnachten nachdenken

und gemeinsam mit anderen Gott dafür danken,
daß er uns Jesus Christus gesandt hat.

Orgelchoral
Ich steh an deiner Krippen hier

Worte einer jungen Erwachsenen
Weihnachten: vielbesungenes Fest der Liebe, das den Frieden auf Erden zur alljährlichen Drei-Tage-Institution macht
Weihnachten: Gesang vom süßen Jesulein, der dem »Laßt uns einander liebhaben«-Programm den feierlichen Rahmen gibt
Weihnachten: Kassengeklingel und bewegte Reden von den Armen in der Welt bei Kerzenschein und Tannenduft
Kriege, Hunger, Zwangsumsiedlung, Folter, Naturzerstörung, Zivilisationskrankheiten, Existenzängste – was kann mir Weihnachten da bedeuten?
Wegstehlen aus der Realität
Suche nach der sogenannten heilen Welt
zu genießen einmal im Jahr?
Der Sinn des Weihnachtsfestes, wie er für mich wichtig ist, scheint manchmal verlorengegangen zu sein:
Weihnachten: die Erinnerung an die Geburt eines Kindes in völliger Armut, in fremdem Land, bedroht von den Mächtigen der Welt
Weihnachten: Lebensanfang eines Menschen, der alles Elend des menschlichen Daseins bis hin zu einem gewaltsamen Tod am Kreuz kennengelernt hat und trotzdem – oder gerade deshalb – Hoffnung und Licht im Dunkel vieler Menschen bedeutet
Vor diesem Hintergrund kann ich mich auf das Weihnachtsfest freuen, auf das gegenseitige Sich-Beschenken als Zeichen der Zuneigung, auf das wohltuende Ruhigwerden bei der Erinnerung an den, der uns nie ganz allein läßt, wenn wir versuchen, die Probleme der Welt zu bewältigen.

Orgelchoral
Ich steh an deiner Krippen hier

Ansprache des Pfarrers/der Pfarrerin

Liebe Schwestern und Brüder!
Weihnachten hat viele Gesichter: Was für den einen eine Zeit alltäglich gewordener Geschäftigkeit ist, das ist für den anderen ein Fest, dessen Zauber hinweist auf ein Wunder Gottes.
Was für den einen immer mehr in Streß ausartet, das ist für den anderen ein Anlaß, wieder einmal in Ruhe und Dankbarkeit sich dessen zu erinnern, dessen Geburt wir an Weihnachten feiern.
Was dem einen eine willkommene Gelegenheit ist, der Wirklichkeit mit ihren Problemen für eine kurze Zeit zu entfliehen, das ist für den anderen eine un-

erschöpfliche Kraftquelle zur bewußten Gestaltung des Lebensalltags.
Weihnachten hat viele Gesichter – und es ist schwer geworden, hinter den entstellenden Masken des Konsums und hinter den verzerrenden Fratzen hektischer Betriebsamkeit das wahre Gesicht der Weihnacht zu erkennen.
Das wahre Gesicht der Weihnacht erkennt nur, wer dem ins Gesicht schaut, von dem ein alter christlicher Hymnus singt:
Obwohl er in göttlicher Gestalt war, hielt er es nicht wie einen Raub fest, Gott gleich zu sein, sondern er entäußerte sich selbst und nahm Knechtsgestalt an, ward den Menschen gleich und der Erscheinung nach als Mensch erkannt. Er erniedrigte sich selbst und ward gehorsam bis zum Tode, ja bis zum Tod am Kreuz.
Das wahre Gesicht der Weihnacht erkennt nur, wer ihm ins Gesicht schaut: Jesus Christus,
diesem Menschen, der mit der Kraft seines *Glaubens* Menschen zu Gott führte,
diesem Knecht Gottes, der in seinem Gehorsam *Liebe* übte bis zum Tod,
diesem am Kreuz Gehenkten, der durch sein befreiendes Tun *Hoffnung* den Unfreien schenkte,
diesem in bitterer Armut Geborenen, der *Frieden* brachte den Armen,
diesem Bruder der Menschen, der sich unser annahm in *geschwisterlicher Barmherzigkeit*.
In ihm hat sich Gott selbst hineinbegeben in die Wirklichkeit unserer Welt. In ihm hat sich Gott auf die Seite derer gestellt, die an dieser Wirklichkeit leiden.
Die Krippe von Bethlehem – sie ist mir ein Zeichen dafür, daß Gott sich sein Nest gemacht hat in dieser Welt, daß er sich eingenistet hat in ihr.
Das Kreuz von Golgatha – es ist mir ein Zeichen dafür, daß Gott sich hineingestellt hat in die Wirklichkeit dieser Welt.
Und Weihnachten?
Weihnachten – das ist mir die Vergewisserung, daß Gott mir Kraft geben will, mich nicht aus der Wirklichkeit und den Problemen dieser Welt wegzustehlen, das ist mir die Vergewisserung, daß Gott mich hineinstellt in diese Welt, um ihre Probleme auszuhalten und zu bearbeiten.
Weihnachten – das ist mir die Erinnerung, daß Gott sich eingenistet hat bei uns. Das ist die Zusage, daß er sich einnisten will bei mir, um mich zu begleiten im Alltag meines Lebens.
Gott will sich einnisten bei mir – in meinem Leben mit seinen Sorgen, Nöten und Chancen.
So bete ich:
Eins aber, hoff ich, wirst du mir, mein Heiland, nicht versagen:
daß ich dich möge für und für in, bei und an mir tragen.
So laß mich doch dein Kripplein sein;
komm, komm und lege bei mir ein
dich und all deine Freuden. Amen.

Lied
28,1.3.8.9 Ich steh an deiner Krippen hier

Abendmahlsfeier (nach der auf S. 27f abgedruckten Liturgie)

Christus – Bruder der Völker der Welt

Die Intention dieses Gottesdienstes ist es, die ökumenische Dimension der Fleischwerdung Gottes hörbar, sichtbar und nacherlebbar zu machen. Um dies zu erreichen, werden Christgeburtsdarstellungen und weihnachtliche Musik aus verschiedenen Ländern und Erdteilen ebenso einbezogen wie Bilder, Berichte und literarische Texte, welche die Lebenssituation und den Glauben von Menschen in den betreffenden Ländern anschaulich machen. Die strenge Gliederung des Predigtteils ist als Hilfe für die GottesdienstbesucherInnen gedacht, das Dargestellte aufnehmen zu können. So stimmen alle vier Abschnitte des Predigtteils im Aufbau genau überein:

- Lesung eines biblischen Textes
- Christgeburtsdarstellung und Interpretation (die in diesem Gottesdienst verwendeten Folien sind ku praxis 20 »An Christus glauben« entnommen)
- Lichtbild mit Situationsbericht oder literarischem Text
- Lesung aus dem Weihnachtsevangelium Lk 2

Auf diese Weise wird an vier Beispielen gezeigt, wie Menschen in aller Welt Weihnachten als Fest der Geburt ihres Bruders Jesus Christus feiern.

Lied
14,1-5 Die Nacht ist vorgedrungen

Gebet zu Beginn (Text auf S. 30)

Liedstrophe (Originaltext von Joseph Mohr, 1818)
Stille Nacht, heilige Nacht,
wo sich heut alle Macht
väterlicher Liebe ergoß
und als Bruder huldvoll umschloß
Jesus die Völker der Welt,
Jesus die Völker der Welt.

Predigtteil

Pfr.: »Für uns ist Christus geboren! Für uns wurde Gott Mensch! Er wurde unser Bruder!«
Seit jener Nacht auf den Feldern von Bethlehem haben Christen aller Zeiten und aller Orten aus dieser weihnachtlichen Botschaft Kraft geschöpft, haben sie versucht, diese Botschaft anderen weiterzusagen: durch Lieder und Gesänge in der Sprache ihres Volkes, durch Gemälde und Kunstwerke im Stil ihrer Zeit. In der Musik und der Kunst der Völker gewinnt die weihnachtliche Botschaft Gestalt, daß an Weihnachten Christus geboren wurde

als Bruder der Völker der Welt. Wir wollen uns in diesem Gottesdienst hineinnehmen lassen in das Singen anderer Völker, wir wollen uns bereichern lassen von der Kunst anderer Kulturen, wir wollen hören, in was für eine Welt hinein Gott gekommen ist – als Bruder der Völker der Welt. Und darin wollen wir nach unserem eigenen Ort in dieser Welt suchen, wollen wir unser eigenes Bethlehem suchen, wollen wir suchen, wo uns Christus als Bruder in unserem eigenen Leben begegnet.

I. Deutschland

1. Bild
Weihnachtsplastik aus Bad Kreuznach

Alttestamentliche Lesung
Es wird ein Reis hervorgehen aus dem Stamme Isais und ein Zweig aus seiner Wurzel Frucht bringen. Auf ihm wird ruhen der Geist des Herrn, der Geist der Weisheit und des Verstandes, der Geist des Rates und der Stärke, der Geist der Erkenntnis und der Furcht des Herrn (Jes 11,1f).

Gedanken zum Bild
Das Bild strahlt für mich Ruhe und Geborgenheit aus. Geborgenheit, die Jesus durch die schützenden Arme seiner Mutter Maria erfährt. Auch sie fühlt sich durch die Arme Josefs sicher und geborgen. Er umgibt mit ihnen Maria und damit auch das Kind, in dessen Augen ich Zufriedenheit sehe. Josef steht wie ein Dach über seiner Familie und versucht somit, sie vor der Umwelt und vor fremden Menschen zu schützen. In den Armen der Eltern sehe ich einen Kreis, dessen Mittelpunkt Jesus Christus ist. Somit stellt das Bild und damit auch die Familie eine Einheit dar.

Orgelchoral »Ich steh an deiner Krippen hier«, dann Choralsatz von J.S. Bach/ J. Zahn, gesungen von einer kleinen Gesangsgruppe (Lied 3 im Anhang)

Pfr.: Die Geborgenheit Jesu in den Armen seiner Eltern hat aber eine Kehrseite: das Leben des Mannes aus Nazareth, der unterwegs war zu den Ungeborgenen und der selbst in dieser Welt Anfeindung und Einsamkeit, Verstoßenwerden und Scheitern erfuhr. So wurde er ein *Bruder derer, die in ihrem Leben unterwegs sind von einer Enttäuschung zur anderen.*

Zu einem *Dia*, das einen Wohnsitzlosen auf einer Parkbank zeigt, wird folgender Text gesprochen (verfaßt von einer Jugendlichen):

Ich kann die Sprüche nicht mehr hören: Wer arbeiten will, findet auch was...
Ich habe keine Lust mehr, zum Briefkasten zu gehen.
Schon tausendmal: Es tut mir leid, wir stellen keinen mehr ein.
Der gute Glaube ist längst verpufft, denn wo ein Wille ist, ist *kein* Weg.
Keine Hoffnung bleibt, nur Resignation und Verbitterung: Ich bin eben nichts wert.
Nur noch eine Zahl in der Statistik für Erwerbslosigkeit,
und auch dort am liebsten wegdiskutiert – retuschiert.
Fallengelassen – die Maschen des sozialen Netzes halten nicht mehr.
Noch einmal wissen, was Leben heißt,
dabei sein, mitten drin, für voll genommen werden.
Noch einmal eine Chance sehen – und sie bekommen.
Arbeitslos – ein verfluchtes Los!

Lesung aus dem Weihnachtsevangelium (Lk 2,1-5)

II. Japan

2. Bild
Japanisches Seidenbild
von Eisui: »Geburt Christi«

Neutestamentliche Lesung
Maria sprach: Meine Seele erhebt den Herrn, und mein Geist freut sich Gottes, meines Heilandes; denn er hat die Niedrigkeit seiner Magd angesehen. Siehe, von nun an werden mich selig preisen alle Kindeskinder. Denn er hat große Dinge an mir getan, der da mächtig ist und dessen Name heilig ist. Und seine Barmherzigkeit währt von Geschlecht zu Geschlecht bei denen, die ihn fürchten (Lk 1,46-50).

Gedanken zum Bild
Wie eine Königsmutter hält Maria ihren Sohn. Stolz und voller Liebe betrachtet sie ihn. Soeben geboren, wie die Knospen, die dem Baum entsprießen. Die Hoffnung auf die Zukunft, auf Geborgenheit unter dem wachsenden Blätterdach. In Windeln gewickelt ruht das Kind in Marias Schoß – als wären sie eins, vereint wie alle Christen. Purpurglänzend strahlt Marias Gewand. Es fließt immer weiter hinaus – bis zu uns in die Welt. Bänder der Liebe, die mir die freudige Botschaft überbringen wollen: Jesus ist geboren!

Lied aus China: »Gottes Liebe ist ein Kind«, gesungen von einer Solo-Sängerin begleitet von der Orgel (Lied 5 im Anhang)

Pfr.: Die Liebe Marias zu ihrem Kind – dargestellt von einem Künstler aus einem Land, in dem heute noch die Angst um das Leben der Kinder zum Alltag jeder Mutter gehört – seit jenem 6. August 1945, als unter dem Atompilz von Hiroshima Tausende starben. Christgeburt in Japan: Christus wird ein *Bruder der Geängsteten*.

Zu einem *Dia*, das den Atompilz über Hiroshima zeigt, wird der Text von Mitsue Furuta »Für dich, Kleines« gelesen:

Was ist mit den Händchen?
Und hast du zwei Augen?
Die Ohren?
Das Näschen?

Na, wenn du das hörst
da lachst du vielleicht
Aber ich sorge mich
sorge mich doch

Sieh mal, Mama
ist jetzt
zwar gesund
Aber
an dem Tag
glühte der Blitz auf
dann dieser Regen
Spuren des Regens –
wenn nun bei dir...?
Wenn nun bei dir...?

Unsagbares Leid
Menschen ins Feuer
wie altes Gelumpe
Auch heute noch
kann ich
die Gedanken
nicht ertragen

Was ich selbst nicht sah
das wird mir jetzt deutlich
weil ich bald Mutter bin
vielleicht deshalb?

Es ist nun schon Frühling
draußen vorm Fenster
Die Sonne wird scheinen
läßt Sommerblumen blühen

Wenn du dann dein Händchen
zum ersten Mal ausstreckst
Was wirst du sehen
und fühlen – mein Kind?

Für diesen Tag
diesen Tag unsrer Freude
werden Mutter und Vater
und auch alle Freunde
den festlichen Platz
zum Feiern herrichten

Der Himmel ist blau
die Blumen sind da
Die runde Sonne
scheint auch für
dich, Kleines

Wenn's auch nicht viel ist
mein liebes Kleines
wirst du es annehmen
bitte, ja?

Lesung aus dem Weihnachtsevangelium (Lk 2,6f)

III. (Süd-)Afrika

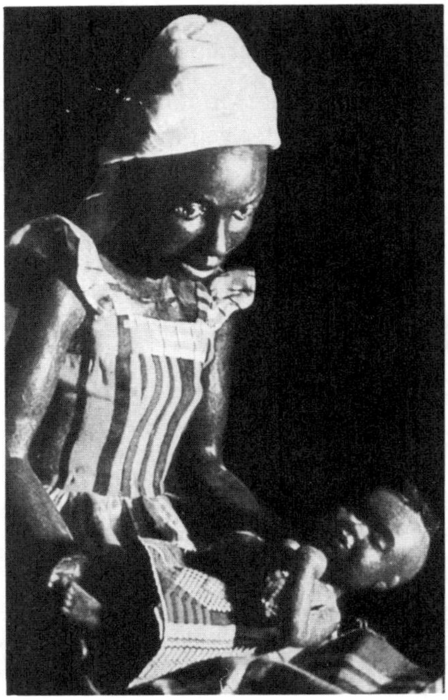

3. Bild
Afrikanische Holzplastik
»Jesus und Maria«

Alttestamentliche Lesung
Das Volk, das im Finstern wandelt, sieht ein großes Licht, und über denen, die da wohnen im finstern Lande, scheint es hell. Denn uns ist ein Kind geboren, ein Sohn ist uns gegeben, und die Herrschaft ruht auf seiner Schulter; und er heißt Wunder-Rat, Gott-Held, Ewig-Vater, Friede-Fürst; auf daß seine Herrschaft groß werde und des Friedens kein Ende auf dem Thron Davids und in seinem Königreich, daß er's stärke und stütze durch Recht und Gerechtigkeit von nun an bis in Ewigkeit (Jes 9,1.5f).

Gedanken zum Bild
Maria hält das Kind behutsam auf ihrem Schoß. Es ist entspannt eingeschlafen. Seine Mutter sieht nachdenklich aus. Bei näherer Betrachtung glaube ich, daß sie Tränen in den Augen hat. Vielleicht macht sie sich Gedanken über ihr Kind. Sie soll mit ihm und ihrem Mann nach Ägypten fliehen. Josef hatte einen Traum, Herodes wolle das Kind töten. Maria hat Angst: Wird sie ihr Kind schützen können? Wird die Flucht gelingen?
Welches Leben wird Jesus erwarten? Wird es ein Leben sein voller Glück oder voller Leid? Wird er durch die Menschen Widerstand erfahren, werden sie ihn verstehen?

Lied aus Kamerun: »E se musima«, gesungen von einer Gesangsgruppe, begleitet mit Rasseln (Lied 4 im Anhang)

Pfr.: Am Anfang des Lebens Jesu stand die Flucht vor dem Zugriff der Machthaber. Am Ende dieses Lebens stand das Kreuz, an dem Christus als Lamm Gottes für uns starb. Christgeburt in Afrika: Christus wird zum *Bruder der Verfolgten und Entrechteten,* zum *Bruder der Gefangenen und Verzweifelten,* zum *Bruder derer, die um der Gerechtigkeit willen getötet werden.*

Zu einem *Dia,* das einen Vater mit getötetem Sohn in Soweto zeigt (aus der Dia-Reihe »Zorn aus den Townships« Nr. 1), wird der Text von James Matthews »Wie lange?« gelesen:

Herr, wie lang, Herr, wie lange müssen wir leiden unter der Ungerechtigkeit der Herrschenden?
Ihre Stärke stützt sich auf Gewalt, und ein verderbtes Gesetz gibt ihnen ihre Macht.
Herr, wie lang, Herr, wie lange müssen wir die Peitsche auf unserem Rücken erdulden?
Unser Blut sickert in den Boden.
Wie willenlose Sklaven werden wir von ihrem Befehl gequält.
Herr, wie lang, Herr, wie lange müssen wir den Raub unserer Seelen ertragen?
Abgewertet zu Bürgern keiner Klasse, die ihren Weg nicht selbst bestimmen, müssen wir jede Ungerechtigkeit erleiden, die der weiße Pharao uns auferlegt.
Herr, wie lang, Herr, wie lange müssen wir uns ducken und die andere Wange hinhalten und die Härte ertragen, die Weiße ausüben?
Wir werden zu Eunuchen gemacht und nicht zu Männern, die eine Meinung wagen.
Herr, wie lang, Herr, wie lange?

Lesung aus der Weihnachtsgeschichte (Lk 2,8-14)

IV. Brasilien (Lateinamerika)

4. Bild
Madonna,
auf Leder geprägt von
Claudio Pastro,
Sao Paulo (Brasilien)

Alttestamentliche Lesung
Ich hebe meine Augen auf zu den Bergen. Woher kommt mir Hilfe?
Meine Hilfe kommt vom Herrn, der Himmel und Erde gemacht hat. Er wird deinen Fuß nicht gleiten lassen, und der dich behütet, schläft nicht (Ps 121,1-3).

Gedanken zum Bild
Große Augen blicken mich an.
Augen, die mich fesseln.
Augen, die nichts zu verbergen haben.
Rufen sie nach Zuwendung?
Eine offene Hand streckt sich mir entgegen.
Eine Hand, die eine andere sucht.

Ist es eine Einladung näherzutreten, oder eine Bitte um Hilfe?
Von der anderen Hand geschützt: Jesus – klein und unscheinbar.
Trotz schlichter Kleidung ist er ein König.
Segnend öffnet er seine Hände – für mich?

Lied aus Argentinien: »Mach schnell, komm, Esel, mach schnell«, gesungen von Gesangsgruppe und Solo, begleitet mit Gitarre und Flöte (Lied 7 im Anhang)

Pfr.: Erwartungsvolle Augen sehen uns an. Erwartung, Aufblicken zu den Bergen, Hoffen auf Hilfe – das erfüllt die Menschen aller Zeiten. Jesus Christus kam, um Hilfe zu schicken denen, die nach dem Heil ausschauten. Jesus Christus kam, um die offenen Hände zu füllen. Christgeburt in Brasilien: Christus wird zum *Bruder der Wartenden*, zum *Bruder derer, die ihre leeren Hände ihm entgegenstrecken*, zum *Bruder der Armen*.

Zu einem *Dia*, das Favelas von Sao Paulo zeigt, wird folgender *Text* gelesen (verfaßt von einem Mitarbeiter aus Brasilien):
Ich heiße Andrea, bin 14 Jahre alt, habe noch drei Geschwister und wohne schon immer hier in der Favela. In der Schule werde ich deshalb gehänselt. Unsere Familie hat es sehr schwer: Kürzlich hat uns unsere Mutter verlassen. Schon lange vorher hatte mein Vater seine Arbeitsstelle verloren und war deshalb sehr unzufrieden. Er hat einfach keine Arbeit gefunden, vielen geht es so hier in der Favela. Dann hat er zu trinken angefangen, während meine Mutter arbeiten mußte. Weil er sie oft geschlagen hat, ist sie dann weggelaufen. Ich bin die Älteste und muß deshalb nun den Haushalt führen, meine Geschwister sind noch zu klein. Jeden Tag wird Wäsche gewaschen, gekocht, geputzt usw. Hoffentlich kann ich wenigstens den Hauptschulabschluß machen. Vielleicht findet mein Vater auch wieder Arbeit, und meine Mutter kommt wieder zurück. Aber unsere Nachbarn sagen alle. »Die kommt nicht mehr wieder.« Ich bin sehr traurig, viel weinen kann ich nicht mehr. Wer weint, zeigt Schwäche, und dann wird man ausgelacht und ausgenutzt. Also bleibe ich hart, beiße die Zähne zusammen und kämpfe mich durch. Hoffentlich schickt mich mein Vater nicht noch arbeiten und meine Geschwister zum Markt, Abfallgemüse für die Suppe sammeln. Oft kommen Kinder nicht mehr zurück und bleiben dann einfach auf der Straße. Ich will das nicht, aber weiß ich, wie lange ich das alles noch aushalte? Christine hat schon auf der Straße gelebt, sie ist jetzt wieder zu Hause. Sie hat ganz schön was mitgemacht, man sieht es ihr an. Unser Pfarrer hat gesagt, es soll sieben Millionen Kinder geben, die auf oder von der Straße leben. Nein, nicht auf der ganzen Welt, sondern nur in Brasilien. Über eine halbe Million von ihnen hat die Polizei mitgenommen und in Erziehungsheime gesteckt. Die anderen in der Favela sagen, in Wirklichkeit seien diese Heime Gefängnisse. Offiziell sind es Heime zum Wohlergehen Minderjähriger. Ich kann jetzt nicht mehr weitererzählen. Heute kommt aus den Leitungen kein Wasser, und ich muß es mit Eimern aus dem Haus von Dona Maria holen.

Lesung aus der Weihnachtsgeschichte (Lk 2,15-20)

Fürbittgebet mit Kehrvers der Gemeinde

Jesus Christus, wir bitten dich für alle Menschen, die in ihrem Leben unterwegs sind.
Für die Aussiedler aus dem Osten und für die Asylanten, die unterwegs sind zu uns,
für das Millionenheer der Flüchtlinge in den Kriegsgebieten der Welt,
für alle, die in unserem Land unterwegs sind von einer Enttäuschung zur anderen,
für uns selbst, die wir unterwegs sind in eine Zukunft, die ungewiß ist.
In dieser Nacht deiner Geburt erinnern wir uns daran, daß du geboren wurdest – unterwegs auf einem Weg, den deine Eltern nicht freiwillig gegangen sind.
Wir bitten dich: Begleite du als Bruder alle, die unterwegs sind, und mach ihren Weg hell.
Wir rufen:

Text: Wilhelm Willms. Musik: Peter Janssens. Aus: Das Licht einer Kerze. Alle Rechte: Peter Janssens Musik Verlag, Telgte/Westf. 1991

Jesus Christus, wir bitten dich für alle Menschen, die erfüllt sind von Angst.
Für die Enttäuschten und Depressiven,
für die Väter und Mütter, die sich ängstigen um die Zukunft ihrer Kinder,
für alle, in deren Herzen angesichts des Zustandes der Welt die Angst über die Hoffnung zu siegen droht,
für uns selbst, die wir in unserem Reden und Tun oft zu ängstlich sind.
In dieser Nacht deiner Geburt erinnern wir uns daran, daß du der Angst der Menschen die Hoffnung auf Gottes Reich entgegengesetzt hast.
Wir bitten dich: Stehe du als Bruder allen bei, die erfüllt sind von Angst, und befreie sie zur Hoffnung.
Wir rufen:

Es werde hell auf der Erde (gesungen)

Jesus Christus, wir bitten dich für alle Menschen, die um der Gerechtigkeit willen leiden.
Für alle, die sich für mehr Gerechtigkeit am Arbeitsplatz einsetzen,
für unsere Partnerschaft mit den Gemeinden NN [Partnergemeinden nennen]
für alle, die für die Einhaltung der Menschenrechte in ihren Ländern kämpfen,

für uns selbst, die wir uns allzu leicht abfinden mit Ungerechtigkeit und unseren Mund oft nicht auftun für die Schwachen.
In dieser Nacht deiner Geburt erinnern wir uns daran, daß du den Weg des Leidens gegangen bist – im Einsatz für die Gerechtigkeit.
Wir bitten dich: Stärke du als Bruder alle, die hungert und dürstet nach der Gerechtigkeit, und laß sie satt werden.
Wir rufen:

Es werde hell auf der Erde (gesungen)

Jesus Christus, wir bitten dich für alle Menschen, die arm sind.
Für alle, denen auf dieser reichen Erde die notwendigsten Dinge zum Leben vorenthalten werden,
für die Kinder in den Armenvierteln Lateinamerikas,
für die hungernden und frierenden Menschen in Rumänien,
für uns, die wir am Reichtum zu ersticken und an der Armut unserer Gefühle zu verhungern drohen.
In dieser Nacht deiner Geburt erinnern wir uns daran, daß du arm geboren wurdest und den Weg der Armut mit den Menschen geteilt hast.
Wir bitten dich: Fülle du als Bruder die Hände und Herzen aller Armen und mach sie reich.
Wir rufen:

Es werde hell auf der Erde (gesungen)

Abendmahlsfeier (nach der auf S. 27f abgedruckten Liturgie)

Es begab sich aber zu der Zeit

Nach der Eingangsliturgie wird im Predigtteil die – in drei Abschnitte gegliederte – Weihnachtsgeschichte nach Lk 2 in jeweils vier Schritten entfaltet:

- Lesung
- Meditation
- Symbolhandlung mit Musik
- Lied

Diese Struktur des Predigtteils ist auf dem Gottesdienstblatt abgedruckt.

I. Unterwegs sein

Lesung: Lk 2,1-7

Meditation zu Lk 2,1-7 (von einer Jugendlichen verfaßt)

Abgespannt und müde ziehen zwei Menschen den staubigen Weg einher.
Ihr kommt doch nicht zum Vergnügen hierher?
Wäret ihr nicht lieber in Nazareth geblieben?
Vor allem, weil du, Maria, jetzt dein Kind erwartest.
Darauf nimmt Augustus keine Rücksicht!
  Ein Gebot von dem Kaiser Augustus.
  Zu welchem Zweck diese Volkszählung, Augustus?
  Die Macht zu sichern?
  Die Untertanen zu kontrollieren?
  Den Krieg vorzubereiten?
  Ein Gebot von dem Kaiser Augustus.
  Und jedermann geht.
Ihr zwei nach Bethlehem.
Geld habt ihr keines, um fahren zu können, und so müßt ihr die hundert Kilometer zu Fuß zurücklegen.
Dir, Maria, fällt das Gehen besonders schwer, denn die Straßen sind uneben, steinig und die Luft staubig und schwül.
Zudem sind von überall her Fremde gekommen.
Das ganze Land scheint unterwegs zu sein.
Das Gedränge macht euch Angst, und die vertraute Heimat ist so fern.
  Da macht sich auf auch Josef aus Galiläa.
  Maria, seine Frau: mitgenommen, Frau von…
  Da macht sich auf auch Josef aus Galiläa.
  Maria, seine Frau: schwanger, Mutter von…
  Später wird es von Jesus, ihrem Sohn, heißen: Ist er nicht des Zimmermanns Sohn?

Jetzt schaut ihr vergebens umher.
Nirgends findet sich ein freies Plätzchen.
Nirgends ein ruhiger Raum für euch zum Ausruhen.
Alles voll, alles besetzt.
  Kein Raum in der Herberge.
  Ja, ist denn da niemand, der hier helfen kann?
  Ist denn da nur die schweigende Menge – froh, selber das letzte Bett ergattert zu haben?
  Kein Raum in der Herberge.
  Auch heute kein Platz in der Kinderkrippe.
Endlich findet ihr doch etwas, einen Stall mit Stroh, einfach, aber genügsam.
Endlich könnt ihr euch hinsetzen, die geschwollenen Füße hochlegen, den müden Körper ausruhen – Ruhe finden.
Dann kommt das Kind.
Niemand ist dabei, als der Heiland geboren wird, nur ihr zwei.
Überglücklich nimmst du, Maria, deinen Sohn in die Arme.
Liebevoll streichelt ihr ihn – noch ein wenig unbeholfen.
Von einem Heiland wißt ihr noch nichts.
Wer würde das jemals gedacht haben?

Symbolhandlung mit Musik
Die zu Beginn des Gottesdienstes zahlreich brennenden Kerzen im Altarraum werden schrittweise gelöscht (bis auf Altarkerzen), dazu Musik mit Orgel oder Synthesizer, die das Gehen in der Dunkelheit verdeutlicht.

Lied der Gesangsgruppe, mit Gitarre begleitet
Ich möcht, daß einer mit mir geht (Lied 8 im Anhang)

II. Nur ein Traum?

Lesung: Lk 2,8-14

Meditation zu Lk 2,8-14 (von einer jungen Erwachsenen verfaßt)

Hirten auf dem Feld. Bei Nacht. In der Kälte.
Ihr tut eure Arbeit – wie immer.
Alltagstrott. Tägliches Einerlei.
Es macht oft so müde, es nimmt jeden Schwung, jede Lebensfreude.
Geht es euch nicht manchmal auch so, ihr Hirten?
Lähmende Eintönigkeit – und in Zukunft nichts anderes.
Und dann: Traum, Vision, Verheißung:
  nicht mehr Dunkelheit, sondern überirdischer Glanz,
  nicht mehr Ödheit, sondern himmlische Heerscharen,
  nicht mehr Trostlosigkeit, sondern göttlicher Zuspruch:
  Geburt des Heilands, Freude den Menschen, Frieden auf Erden!

Könnt ihr es glauben, ihr Hirten?
Plötzlich soll alles Elend ein Ende haben?
Keine Furcht mehr, sondern Wohlgefallen?
Ihr zweifelt? Ich kann euch verstehen.
War es nicht doch nur ein Traum, geträumt in endlosen Nächten auf dem Feld,
geträumt auf der Flucht vor aussichtsloser Zukunft?
Aber – da ist Hoffnung: etwas vom Glanz der Verheißung bleibt im Herzen, wird zum Motor:
  heraustreten aus der Nacht,
  stehen im Licht des Verheißenen.
Der Traum – Wirklichkeit?
Ihr hört die Botschaft, die alles verändert:
  ein Kind ist geboren, wird zum Maßstab:
  nicht mehr nur die Starken, sondern auch die Schwachen,
  nicht mehr nur Leistung, sondern auch Freude,
  nicht mehr nur funktionieren, sondern auch leben.
Ihr spürt die Kraft dieser Botschaft, die alles verändern,
  neue Verhältnisse schaffen kann, wenn wir nur wollen:
  in der Familie, am Arbeitsplatz, in der Gesellschaft.
Freudige Erwartung erfüllt euch, nicht wahr, ihr Hirten?
Uns ist heute der Heiland geboren.
Alles wird anders werden.

Symbolhandlung mit Musik
Eine Disco-Lichtglocke (oberhalb der Kanzel) wird mit einem Scheinwerfer von unten angestrahlt, so daß ein unwirkliches Licht erscheint, dazu sphärische Musik auf dem Synthesizer.

Kanon der Gesangsgruppe
Gloria (Lied 6 im Anhang)

III. Aufbrechen

Lesung: Lk 2,15-20

Meditation zu Lk 2,15-20 (von einem jungen Erwachsenen verfaßt)

Ihr Hirten, da steht ihr
  alleingelassen in dunkler Nacht mit eurer Sehnsucht,
  mit eurem Wunsch nach Rettung,
  mit euren Zweifeln über das Gehörte und Gesehene.
Alleingelassene Hirten – auf der Schwelle zwischen Traum und Wirklichkeit.
Ihr Hirten, ihr brecht auf.
Woher nehmt ihr die Kraft loszugehen – trotz Fragen und Zweifel?
Ist es Neugier, Abenteuerlust, Freude an der Abwechslung?
Oder spürt ihr, daß da Großes geschehen ist?

Etwas, das euch rettet, das eure Not wendet, eure Sehnsucht stillt?
Woher nehmt ihr den Mut, eure Herden zu verlassen?
Hat euch die Botschaft Beine gemacht – die Botschaft eurer Rettung?
Hat Gott euch herausgerissen aus dem Trott eurer Verzweiflung – auf den Weg des Heils?
Ihr Hirten, ich bewundere euch, wie ihr so einfach losgeht,
wie ihr dem Gehörten und Gesehenen vertraut,
wie ihr euch einlaßt auf das Geschehene.
Ich bewundere euch, wie ihr euch herausreißen laßt aus eurem Alltag,
wie ihr euch in Bewegung setzen laßt.
Ihr Hirten, im Stall von Bethlehem steht ihr und schaut.
In euren Gesichtern will ich lesen,
entschlüsseln will ich das Spiel eurer Mienen.
Ich entdecke die Freude über das neugeborene Kind,
das Staunen über das Geschenk des Lebens,
die Dankbarkeit, die euch erfüllt.
Habt ihr gefunden, was euch verheißen?
Ich sehe aber auch eure fragenden Blicke, den Zweifel in euren Augen:
Dieses Kind soll uns retten, unsere Not wenden, unsere Sehnsucht stillen?
Ich fühle mit euch: Freude und Staunen, Dankbarkeit und Zweifel,
diese Zwiespältigkeit der Gefühle, sie ist mir vertraut.
Jedes Jahr wieder erfüllt sie mich – wie euch im Stall von Bethlehem.
Ihr Hirten, ihr kehrt zurück zu euren Herden – staunend und froh,
dankbar, aber auch voller Fragen.
Ihr schreit eure Freude hinaus, dankbar jubelt ihr.
Und tief in eurem Herzen fragt ihr euch:
Wie wird es uns Heil bringen können – dies Kind im Stall?
Wie wird es uns retten können?
Wie wird es unsre Not wenden können?
Ihr Hirten, tief in euren Herzen ahnt ihr etwas
von der Macht des Ohnmächtigen,
von der Rettung durch den Tod,
von der notwendenden Notwendigkeit des Kreuzes.
Eure Ahnung – das ist mein Glaube.

Symbolhandlung mit Musik
Die Kerzen am Holzkreuz im Altarraum werden angezündet, ein Spot im Altarraum bestrahlt das Kreuz, dazu Musik mit der Orgel unter Verwendung von Motiven aus Passionschorälen.

Lied der Gesangsgruppe
66,1.3.5 (mit Trompete begleitet) Du großer Schmerzensmann

Fürbittgebet mit Kehrvers der Gemeinde »Es werde hell auf der Erde« (s. S. 41)

Abendmahlsfeier (nach der auf S. 27f abgedruckten Liturgie)

III. Gottesdienste zur Passions- und Osterzeit

Liebte Gott der Herr uns nicht

Ein Gesamtgottesdienst für Kinder und Erwachsene

Für den im Stil eines Kreuzweges aufgebauten Predigtteil dieses Gottesdienstes wurde eine Textvorlage aus K. Rommel/M. Schmeißer, Kinder- und Familiengottesdienst: Passion-Ostern-Pfingsten, Freiburg 1974, S. 34ff verarbeitet. Sie wurde verbunden mit der im Kindergottesdienst über mehrere Wochen erfolgten Vorbereitung und Unterweisung der Kinder zum Abendmahl. Ferner wurden zur Veranschaulichung der erzählten Stationen des Leidens Jesu Bilder (auf Folie) herangezogen, die eine Schülerin einer vierten Grundschulklasse gemalt hatte. Schließlich wurde die Darstellung der einzelnen Kreuzwegstationen durch das Lied »Liebte Gott der Herr uns nicht« (Textfassung von Helmut Oeß) musikalisch und liturgisch gestaltet. Die abschließende Abendmahlsfeier war in der Gemeinde die erste, zu der Kinder ab dem Grundschulalter zugelassen waren.

Lied
Du hast uns, Herr, gerufen (in vielen Anhängen zum EKG abgedruckt)

Votum

Spruch
Gott erweist seine Liebe zu uns darin, daß Christus für uns gestorben ist, als wir noch Sünder waren.
Ehre sei dem Vater…

Eingangsgebet

Gnadenspruch
Jesus Christus ist nicht gekommen, daß er sich dienen lasse, sondern daß er diene und gebe sein Leben zu einer Erlösung für viele.

Lobvers
Lobsingt dem Herrn und preist seine Gnade: 59,1

Predigtteil »Liebte Gott der Herr uns nicht – Stationen des Leidens Jesu«

1. Das letzte Mahl Jesu

Der Hausbesitzer
Ich bin der Besitzer des Hauses, in dem Jesus kurz vor seinem Tod mit seinen Schülern noch zusammen war. In der Gruppe war eine ganz eigenartige Stimmung. Ich kannte ja viele Gruppen. Viele waren schon bei mir. Diese Gruppe war so gedrückt. Jesus mußte genau gewußt haben, was mit ihm geschehen sollte. Und nach dem Tod Jesu war mir alles klar. Aber auch unter den Schülern stimmte es nicht ganz. Ich hatte so den Eindruck, daß die sich nicht mehr so recht verstanden. Einen sah ich, der ein finsteres Gesicht machte und sich genau nach dem Ausgang erkundigte.
Da hörte ich, wie sie die Psalmen sangen, die zum Passahfest gehörten, und miteinander sprachen.
Plötzlich bemerkte ich eine Unruhe. Jesus selber wusch seinen Schülern die Füße. Ich wunderte mich sehr: Der Meister wäscht seinen Schülern die Füße? Da mußte etwas nicht stimmen! Waren die Schüler nicht in der Lage, das zu tun? Waren die sich zu gut dazu? Dann lauschte ich an der Tür. Und da hörte ich, wie einer sich ganz laut wehrte, er lasse sich nicht die Füße von Jesus waschen.

Bildbetrachtung, dazu Orgel: Wie der Herr vor Zeiten mit den Jüngern saß (Anhang 77 der badischen Landeskirche Nr. 880)

Der Hausbesitzer
Aber wenn ich mir alles zusammenreime, das, was ich über Jesus hörte, und das, was ich hier erlebte, dann kann ich es verstehen. Dieser Jesus setzte sich ganz stark für die Menschen ein, und er war sich selber nie zu gut zum niedersten Dienst. Nicht einmal zum Sklavendienst des Füßewaschens. Ob die Schüler das verstanden? Als Jesus gestorben war, ist es mir aufgegangen: Dieser Jesus liebte in jeder Lage alle Menschen.
Das Essen Jesu mit seinen Schülern war noch nicht zu Ende, da stürzte plötzlich einer heraus. Es war der, der sich anfangs so genau nach dem Ausgang erkundigt hatte. Ich ließ mir sagen, es sei Judas gewesen.
Spät in der Nacht verließen sie dann alle den Raum. Ich nahm an, daß sie sich zum Lagerplatz der Festbesucher aus Galiläa begaben, dem Garten Gethsemane.
Das war's, was ich zu berichten weiß.

Lied

A.M. Cocagnac: Liebte Gott der Herr uns nicht. Chansons bibliques. Übersetzer: Helmut Oess. Strophe 2 u. 3 (s. n. Seite): Ulrich Fischer.

Liebte Gott der Herr uns nicht...
All das, was er tat beim Mahl an seinen Jüngern,
als er wie ein Knecht die Füße rein gemacht.
Liebte Gott der Herr uns nicht...
All das bei dem Mahl mit Brot und Segensbecher,
als er Leib und Blut für uns gegeben hat.
Liebte Gott der Herr uns nicht...

2. Gethsemane

Mann aus Galiläa

Ich bin ein Mann aus Galiläa, aus Nazareth, und kannte Jesus von Kind auf. Er wuchs in unserem Dorf auf. Und dann war er eines Tages plötzlich verschwunden. Dann hörte ich, daß er nach Jerusalem zum Passahfest gekommen sei. Dann hörte ich auch, daß er wie wir im Garten Gethsemane Nachtquartier genommen habe.

Nach dem Beten war eine Weile Ruhe. Aber dann ging es erst recht los. Überall wurde es hell. Schreie hörte man. Waffengeklirr durchbrach die Stille. Und wieder hörte man Jesu Stimme. Und andere Stimmen. Ein Hin und Her. Dann merkten wir, wie sich einige Männer durch die Büsche schlugen. Wahrscheinlich waren das die Schüler, die es mit der Angst zu tun bekamen. Die Stimmen, das Geklirr der Waffen verschwanden in der Ferne. Dann war wieder Stille. Was war geschehen?

Bildbetrachtung, dazu Orgel: Christus, der uns selig macht (EKG 56)

Soldat
Ich bin ein Soldat, der im Garten Gethsemane war, um Jesus zu holen. Es war nicht einfach, bei Nacht in diesem Riesengarten Jesus zu finden. Ein Mann, ein ehemaliger Freund von Jesus, Judas nannten sie ihn, hat uns gute Dienste geleistet. Geschickt, wie der das gemacht hatte: Er gab Jesus einfach einen Kuß. Der Judas? Man sagt, er habe von Jesus etwas ganz anderes erwartet. Er habe gemeint, Jesus würde in Jerusalem die Macht an sich reißen. Er sei enttäuscht worden. Darum habe er sich gegen Jesus gestellt. Dieser Jesus sollte die Römer vertreiben? Mit solchen Leuten, die er bei sich hatte? Die hatten unheimlich Angst. Fast alle waren sie plötzlich weg. Und Jesus stand alleine da. Und ließ sich freiwillig gefangennehmen. Wir schämten uns fast, ihm Fesseln anzulegen. Wenn er sich wenigstens gewehrt hätte! Nichts! Ruhig sprach er. Still ließ er sich binden und mitnehmen.
Dieser Jesus muß ein ganz Besonderer gewesen sein. *Der* war der Herr der Lage, sogar mit gebundenen Händen. Das fühlte ich.

Lied
Liebte Gott der Herr uns nicht…
All das in der Nacht der Angst in einem Garten.
All das in der Nacht, da er verraten war.
Liebte Gott der Herr uns nicht…

3. Vor dem Hohen Rat

Soldat
Ich bin auch ein Soldat, der Jesus holte. Ich bekam aber nicht frei, sondern mußte noch im Vorhof des Hohenpriesters Wache stehen. Mitten in der Nacht. Ich fand es eigenartig, daß mitten in der Nacht eine Gerichtsverhandlung stattfand. War dieser Jesus so gefährlich? Das konnte ich mir gar nicht denken. Wir hatten ihn doch selber geholt und gefangengenommen und erlebt, wie er sich freiwillig ohne Widerstand fesseln ließ.
Nun stand er vor dem Hohenpriester. Durchs offene Fenster konnte ich die Verhandlung verfolgen. Es war interessant. Schließlich ging es um den Messias. Ich bin kein frommer Jude. Aber ich war beeindruckt, wie dieser Jesus seinen Anklägern standhielt und sich sogar schlagen ließ.

Bildbetrachtung (siehe nächste Seite), dazu Orgel: Herzliebster Jesu (EKG 60)

Mädchen
Ich bin Angestellte im Haus des Hohenpriesters. Da bin ich viel unterwegs, weil ich da etwas holen und dort saubermachen muß. Es ist interessant. Ich komme mit vielen Menschen zusammen. Besonders gern unterhalte ich mich mit den Soldaten. Ich kenne sie alle. Einmal entdeckte ich ein neues Gesicht, in einer Nacht, am Feuer bei den Soldaten. Es war die Nacht, in der die

Verhandlung gegen Jesus war. Ich erinnere mich noch gut. Das war damals Stadtgespräch. Ich rede mit allen, ich scheue mich da nicht. Darum fragte ich ihn, wer er wäre, ob er auch zu dem Jesus gehöre? Und wie aus der Pistole geschossen kam es heraus: Ich bin's nicht! Ich kenne ihn nicht! Ich erinnere mich noch gut daran; es war in der Nacht gegen Morgen. Der Hahn krähte kurz darauf.

Lied
Liebte Gott der Herr uns nicht...
All das, was er litt, als Petrus ihn verleugnet;
dreimal, bevor der Hahn zum Krähn begonnen hat.
Liebte Gott der Herr uns nicht...

4. Vor Pilatus

Frau des Pilatus
Ich bin die Frau des römischen Statthalters Pilatus. An großen Festtagen der Juden kam er nach Jerusalem, um bei Aufständen und Unruhen sofort dazusein. Einmal brachten sie ganz früh einen Mann an, von dem sie erzählten, daß er der König der Juden sei. Mein Mann war zunächst ganz aufgeregt. Nach dem ersten Verhör war ihm klar, daß dieser Jesus nicht gefährlich sei. Er sei nie und nimmer des Todes schuldig. Dann wurden die Juden gemein.

Sie erpreßten meinen Mann. Sie wollten ihn beim Kaiser in Rom verpetzen, wenn er nicht ihren Willen tun würde. Dann versuchte er es noch einmal mit einem eingesperrten Aufrührer und Mörder namens Barrabas. Jesus oder Barrabas sollte freigelassen werden. Und mein Mann hoffte, daß die Angst vor Barrabas den Haß gegen Jesus überwiegen würde. Aber er täuschte sich. Der Haß überwog. Sie forderten: Jesus muß ans Kreuz.
Mir tat mein Mann leid. Mir tat aber auch dieser Jesus leid. Daß aber Jesus bei seinem Anspruch, der König der Juden zu sein, ganz klar und ohne Zweifel blieb, imponierte mir. Und ich muß ehrlich sagen: Mein Mann hat keine gute Figur abgegeben.

Bildbetrachtung, dazu Orgel: Ein Lämmlein geht (EKG 62)

Barrabas
Ich bin Barrabas, den Pilatus am Morgen des Freitag vor dem großen Passah freigelassen hat. Ich muß schon sagen: Ich kam mir damals ganz komisch vor, neben Jesus zu stehen und dem Urteil des Volkes ausgesetzt zu sein: Jesus oder ich. Einer von uns zweien mußte sterben. Mein Todesurteil stand schon fest. Nun kam dieser Jesus und brachte mein Leben ganz durcheinander, das heißt: Er rettete mein Leben. Er half mir, daß ich frei kam. Er gab sein Leben, daß ich leben konnte. Er ging in den Tod, daß ich nicht sterben mußte. Mein Leben wurde mir neu geschenkt. Und ich begann nachzudenken, ob ich dieses zweite Leben nicht anders gestalten müßte, aus Dankbarkeit diesem Jesus gegenüber, von dem ich kaum etwas wußte. Und ich begann ein neues Leben.

Lied

Liebte Gott der Herr uns nicht...
All das, was das Volk von Pilatus abverlangte,
als er ohne Schuld zum Tod verurteilt war.
Liebte Gott der Herr uns nicht...
All das an dem Ort, wo er gegeißelt wurde
und da soviel Spott für uns erlitten hat.
Liebte Gott der Herr uns nicht...

5. Der Weg zum Kreuz

Eine Zuschauerin
Ich bin eine Frau, die zufällig Zeugin eines Geschehens wurde, von dem später die ganze Welt erzählte. Aus ganz Israel waren so viele Menschen nach Jerusalem gekommen. Plötzlich sah ich einen Zug von Leuten. Soldaten machten Platz für einen Mann, der ein Kreuz trug. Als er näher kam, erkannte ich ihn. Es war Jesus von Nazareth. Ich hatte schon viel von ihm gehört, allerdings nur Gutes. Die Obersten des Volkes hatten eine andere Meinung von ihm. Nun hatten sie es doch erreicht, daß er sterben mußte. Jesus sah mit seinem Kreuz jämmerlich aus, zerschunden und blutend. Er war ganz schön zugerichtet. Immer wieder brach er unter dem Balken zusammen. Daraufhin holten die Soldaten einen Bauern, der am Weg stand. Er sollte das Kreuz für ihn tragen. Er hieß Simon und war aus Nordafrika, aus Kyrene.

Bildbetrachtung, dazu Orgel: Du großer Schmerzensmann (EKG 66)

Sohn des Simon von Kyrene
Ich bin der Sohn des Mannes, der Jesus das Kreuz trug. Mein Vater durfte nicht mehr am Gottesdienst im Tempel teilnehmen, da er Jesus das Kreuz trug. Und wir waren doch wegen dieses Gottesdienstes die weite Strecke von Kyrene nach Jerusalem gereist, fünf Tage. Aber mein Vater war trotzdem froh, daß er Jesus geholfen hatte. Und er glaubte an ihn. Denn dieser Jesus ist auferstanden. Jesus war kein Verbrecher, er war kein Schwarmgeist, er war kein Volksverführer oder Volksaufrührer, er war auf ganz besondere Weise mit seinem Gott verbunden. Er war Vorbild bis zum Schluß. Er hat mich überzeugt. Er war Gottes Sohn.

Lied
Liebte Gott der Herr uns nicht...
All das auf dem Weg, wo er das Kreuz getragen
und fiel unterm Kreuz – die Last war viel zu schwer.
Liebte Gott der Herr uns nicht...

Gebet

Lied
63,1.8.9 O Haupt voll Blut und Wunden

Abendmahlsfeier

Gabenbereitung: Kinder bringen Brot und Traubensaft herein und sprechen dazu kurze Danksagungen, die Gemeinde antwortet mit dem »Halleluja« aus EKG 82.

Kinder: Herr, wir danken dir, daß du unsere Schuld auf dich nimmst.

Gemeinde: Halleluja, halleluja, halleluja, halleluja, gelobet sei Christus, Marien Sohn.

Kinder: Herr, wir danken dir, daß deine Liebe zu uns nicht aufhört.

Gemeinde: Halleluja, halleluja, halleluja, halleluja, gelobet sei Christus, Marien Sohn.

Kinder: Herr, wir danken dir, daß du für uns gestorben bist.

Gemeinde: Halleluja, halleluja, halleluja, halleluja, gelobet sei Christus, Marien Sohn.

Einsetzungsworte

Vaterunser

Friedenswunsch: Wir geben unserem Nachbarn und unserer Nachbarin ein Zeichen des Friedens.

Austeilung

Lied
159,1-3 Das sollt ihr, Jesu Jünger, nie vergessen

Abkündigungen

Sendung und Segen

Osternachtfeier

Die vorliegende Osternachtfeier ist als ein Weg gestaltet, der vom Leiden Jesu in Gethsemane und Golgatha zur österlichen Freude führt. Die Gemeinde geht diesen Weg, indem sie die Osternachtfeier in einem dunklen Garten hinter der Kirche beginnt, nach dem Entzünden des Osterfeuers vor der Kirche einzieht in den dunklen Kirchenraum, der dann während der Lichtfeier in vier Schritten allmählich durch Kerzen erleuchtet wird. Nach der Tauferinnerung (hier natürlich auch eine Tauffeier möglich) und der Abendmahlsfeier zieht die Gemeinde singend und mit Lichtern in der Hand zur katholischen Kirche, wo die Osternacht ökumenisch weitergefeiert wird.

I. Im Dunkel eines Gartens

Text zur Einstimmung und Sammlung

Ich hoffe auf dich, Herr.
Meine Seele wartet auf dich wie ein Wächter auf den Morgen.
Nein, noch sehnlicher als ein Wächter auf den Morgen, so wartet meine Seele auf dich.
Warten und Beten. Schweigen und Singen. Gottesdienst in der Osternacht.
Noch ist nicht Ostern. Noch liegt die Nacht vor uns.
Ich will die Nacht ernst nehmen, die Nachtgedanken, die Menschen beschweren, die Nachtgespinste, die uns den Schlaf rauben,
den Schatten der Trauer, die Schatten der Gewalt, den Schatten, der über den Elenden liegt.
Noch ist nicht Ostern. Noch liegt die Nacht vor uns. Noch habe ich Jesu Bitte im Ohr, sein Wort an die Freunde im Garten in jener Nacht, als er verraten wurde: »Bleibet hier und wachet mit mir, wachet und betet!«

Gesang aus Taizé (mit Posaunenchor)

Musik: J. Berthier. © Les Presses de Taizé. Deutsche Rechte: Christophorus-Verlag, Freiburg i. Br.

Nacht über dem Grab des einen. Nacht über den Gräbern der vielen. Nacht über denen, die verlorene Menschen beweinen. Nacht über dem Bringer des Evangeliums. Nacht über unserer kranken Welt. Schmerzhafte, dunkle Nacht. Auf der Suche nach Licht sind wir. Auf vielfältige Weise suchen wir das Licht in der Nacht unseres Lebens. Auf vielfältige Weise versuchen wir, die Nacht zu durchdringen, das Leben hell zu machen. Aber wir spüren: Unsere Versuche reichen nicht aus. Wahres Licht in der Nacht vermögen sie nicht zu schaffen.
Das Osterfeuer, das Feuer in der Nacht – ein Zeichen für unser Suchen nach Licht. Ein Zeichen für unser Bemühen, die Nacht hell zu machen. Zum Osterfeuer laßt uns gehn.

Zug zum Osterfeuer, währenddessen spielt der Posaunenchor folgende Lieder:

O Jesu Christe, wahres Licht
Die Nacht ist vorgedrungen
Gott ist mein Licht

II. Am Osterfeuer

Text zum Entzünden der Osterkerze

Die Mitte der Nacht ist der Anfang des Tages.
Die Mitte der Not ist der Anfang des Lichts.
Dies ist die Nacht, in der Christus von den Toten erstand.
In dieser Nacht wandte er unser Geschick.

Entzünden der Osterkerze

Text zum Einzug in die Kirche

Wir sind vom dunklen Garten zum hellen Feuer vor der Kirche gezogen – vom Dunkel zum Licht. Wir sind einen Weg gegangen, der menschliches Suchen nach Licht in der Nacht unseres Lebens verdeutlicht. Eben haben wir die Osterkerze entzündet – Symbol für *das* Licht, das Jesus Christus in das

Dunkel unseres Lebens gebracht hat. Mit dem Osterlicht wollen wir nun in die dunkle Kirche einziehen. Dort wollen wir uns sagen lassen und miterleben, wie Jesus Christus die Nacht unseres Lebens erhellt, wie er unser Suchen nach Licht zum Ziel führt.

Gesang »Bleibet hier und wachet mit mir«, dabei Einzug in die dunkle Kirche.

III. Lichtfeier in der Kirche

1. Lesung von der Erschaffung des Lichts

Präfamen
Hört, wie Gott die Welt erschaffen hat und das Licht in der Finsternis scheinen läßt, wie er den Menschen ins Leben ruft und ihm Verantwortung für die Schöpfung überträgt:

Lesung aus dem ersten Buch Mose
Am Anfang schuf Gott Himmel und Erde. Und die Erde war wüst und leer, und es war finster auf der Tiefe; und der Geist Gottes schwebte auf dem Wasser. Und Gott sprach: Es werde Licht! Und es ward Licht. Und Gott sah, daß das Licht gut war. Da schied Gott das Licht von der Finsternis und nannte das Licht Tag und die Finsternis Nacht.
Also rief Gott durch sein allmächtiges Wort alles, was da ist, ins Leben: Licht und Finsternis, Tag und Nacht, Wasser und Festland, Sonne und Mond, Baum und Gras, Pflanze und Tier.
Und Gott sprach: Lasset uns Menschen machen, ein Bild, das uns gleich sei, die da herrschen über die Fische im Meer und über die Vögel unter dem Himmel und über das Vieh und über alle Tiere des Feldes und über alles Gewürm, das auf Erden kriecht. Und Gott schuf den Menschen zu seinem Bilde, zum Bilde Gottes schuf er ihn; und er schuf sie als Mann und Frau. Und Gott segnete sie und sprach zu ihnen: Seid fruchtbar und mehret euch und füllet die Erde und macht sie euch untertan. Und Gott sah an alles, was er gemacht hatte, und siehe, es war sehr gut.

Gebet
Allmächtiger Gott, lieber Vater, du bist wunderbar in dem, was du tust. Groß ist deine Schöpfung, größer noch ist das Werk deiner Erlösung, die du uns geschenkt hast durch Christus, unseren Herrn. Amen.

Anzünden der Kerzen am Altar, dazu *Gesang*:

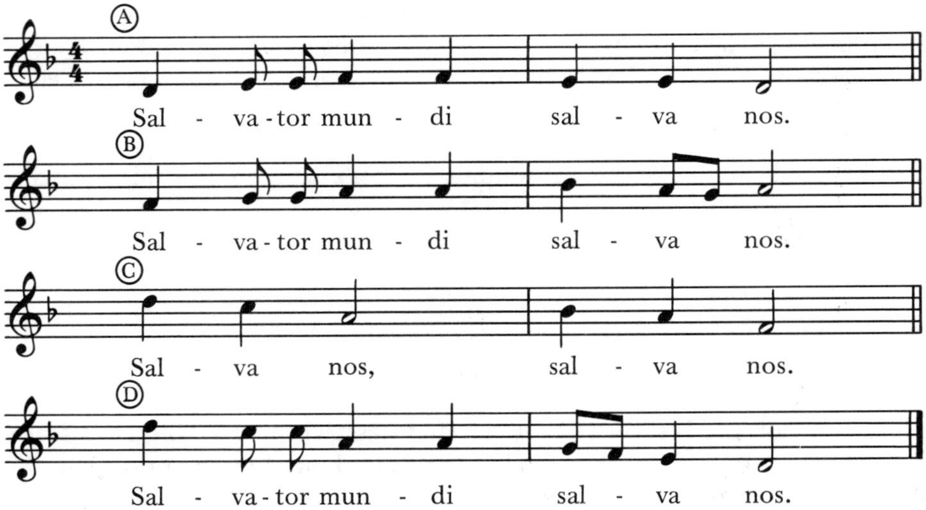

2. Lesung von der Errettung aus den Fluten

Präfamen
Hört, wie Gott sein bedrängtes Volk wunderbar hindurchführt durch die Fluten des Meeres, wie er Menschen errettet aus Gefahr und ihnen neues Leben schenkt:

Lesung aus Ex 14
Und der Herr verstockte das Herz des Pharao, des Königs von Ägypten, daß er den Israeliten nachjagte. Die Ägypter jagten ihnen nach mit Rossen, Wagen und ihren Männern und mit dem ganzen Heer des Pharao und holten sie ein, als sie sich gelagert hatten am Meer. Als der Pharao nahe herankam, hoben die Israeliten ihre Augen auf, und siehe, die Ägypter zogen hinter ihnen her. Und sie fürchteten sich sehr und schrien zu dem Herrn und sprachen zu Mose: Waren nicht Gräber in Ägypten, daß du uns wegführen mußtest, damit wir in der Wüste sterben?
Da sprach Mose zum Volk: Fürchtet euch nicht, stehet fest und sehet zu, was für ein Heil der Herr heute an euch tun wird. Der Herr wird für euch streiten, und ihr werdet stille sein.
Als nun Mose nach Gottes Befehl seine Hand über das Meer reckte, ließ es der Herr zurückweichen durch einen starken Ostwind die ganze Nacht und machte das Meer trocken, und die Wasser teilten sich. Und die Israeliten gingen hinein mitten ins Meer auf dem Trockenen, und das Wasser war ihnen eine Mauer zur Rechten und zur Linken. Und die Ägypter folgten und zogen hinein ihnen nach, alle Rosse des Pharao, seine Wagen und Männer mitten ins Meer.

Gebet
Herr, unser Gott, deine alten Wunder leuchten noch in unseren Tagen; sie werden uns zu Zeichen deiner Liebe, die uns retten und bewahren will durch Jesus Christus, unseren Herrn. Amen.

Anzünden der Kerzen an der linken und rechten Seite, *Gesang*: Salvator mundi

3. Lesung vom Sterben und Auferstehen in der Taufe

Präfamen
Hört, wie Gott im Geheimnis der Taufe jeden von uns teilhaben läßt am Tod und an der Auferstehung Christi:

Lesung aus Röm 6 (freie Übertragung)
Durch die Taufe sind wir alle mit Christus verbunden worden. Wißt ihr nicht, was das bedeutet? Die Taufe verbindet uns mit seinem Tod! Als wir getauft wurden, wurden wir mit ihm begraben. Aber wie er durch die wunderbare Macht Gottes, des Vaters, aus dem Tode zurückgerufen wurde, so können auch wir jetzt ein neues Leben führen. Wie wir mit Christus im Tode vereint waren, so sollen auch wir mit ihm zusammen leben.

Gebet
Herr, unser Gott, mit deiner unwandelbaren Kraft wirkst du auch an uns. Was dunkel ist, machst du licht, was tot ist, erweckst du zum Leben. Was zerschlagen ist, machst du heil durch Christus, unsern Herrn, der uns in der Taufe teilgibt an seinem Sterben und Auferstehen. Was du in uns begonnen hast mit unserer Taufe, das vollende mit deiner Kraft. Amen.

Anzünden der Kerzen im Mittelgang, dazu *Gesang*: Salvator mundi

4. Lesung des Osterevangeliums

Präfamen
Hört, wie Gott an Ostern neues Leben erstehen ließ durch die Auferstehung Jesu Christi. Hört, wie er uns in Jesus Christus seine schöpferische Kraft erfahren läßt, die alles neu werden läßt:

Lesung aus Mk 16
Und als der Sabbat vergangen war, kauften Maria von Magdala und Maria, die Mutter des Jakobus, und Salome wohlriechende Öle, um hinzugehen und ihn zu salben. Und sie kamen zum Grab am ersten Tag der Woche, sehr früh, als die Sonne aufging. Und sie sprachen zueinander: Wer wälzt uns den Stein von des Grabes Tür? Und sie sahen hin und wurden gewahr, daß der Stein weggewälzt war, denn er war sehr groß. Und sie gingen hinein in das Grab und sahen einen Jüngling zur rechten Hand sitzen, der hatte ein langes

weißes Gewand an, und sie entsetzten sich. Er aber sprach zu ihnen: Entsetzt euch nicht! Ihr sucht Jesus von Nazareth, den Gekreuzigten. Er ist auferstanden, er ist nicht hier. Siehe da die Stätte, wo sie ihn hinlegten. Geht aber hin und sagt seinen Jüngern und Petrus, daß er vor euch hingehen wird nach Galiläa; dort werdet ihr ihn sehen, wie er euch gesagt hat. Und sie gingen hinaus und flohen vom Grab; denn Zittern und Entsetzen hatte sie ergriffen. Und sie sagten niemanden etwas, denn sie fürchteten sich.

Gebet
Herr, unser Gott, oft leben wir so, als ob der Tod das Letzte wäre, als ob Traurigkeit und Leiden nie enden wollten. Wir zweifeln daran, daß Auferstehung auch in unserem Leben erfahrbar werden kann.
Stärke uns in der Hoffnung, daß nach Zeiten der Trauer und des Zweifels wieder Freude einkehrt. Du bist vom Tod auferstanden, um uns Hoffnung zu schenken. Laß uns deiner Verheißung glauben, daß mit dem Tod nicht alles aus ist, sondern daß er zum Beginn eines neuen Lebens wird. Amen.

Anzünden der Kerzen am Holzkreuz, dazu *Kanon*

Musik: Viktor Hug. Aus: »Alleluja«. Kanons, Antiphone und Litaneien. © Viktor Hug, CH-8134 Adliswil/Schweiz

IV. Tauferinnerung

Vorspruch
In der Osternacht erinnern wir uns des Sieges Christi über den Tod. Wir bekennen in der Osternacht, daß mit diesem Sieg Christi ein neues Leben begonnen hat. Zugleich damit erinnern wir uns, daß wir selbst durch unsere

Taufe hineingenommen wurden in den Sieg Christi über den Tod, und wir bekennen, daß wir als Getaufte Zeugen des neuen Lebens in dieser Welt sein wollen.
Erinnerung an die Taufe und Bekenntnis des Glaubens sind also untrennbar mit dem Osterfest verbunden, untrennbar verbunden sind sie mit dem österlichen Sieg Christi über den Tod. So wollen wir uns in dieser Nacht unserer Taufe erinnern und unseren Glauben bekennen mit den Worten eines Glaubensbekenntnisses aus unserer Zeit.

Glaubensbekenntnis
Ich glaube an Gott, den Vater: Er hat diese Welt für alle Menschen geschaffen. Er erlaubt keinem seiner Kinder, andere Menschen zu seinen Knechten zu machen.
Darum finde ich mich nicht ab mit der Teilung der Menschheit in Reiche und Arme, in Machthaber und Machtlose, in Bevorzugte und Benachteiligte.
Ich glaube an Jesus Christus: Er nennt alle Menschen seine Geschwister. Er ermutigt seine Geschwister, einander Freiheit zu schenken und damit auf sein Reich zu hoffen.
Darum finde ich mich nicht ab mit den zahllosen Unfreiheiten dieser Welt, mit der Unfreiheit der sogenannten Sachzwänge, mit der Unfreiheit, die Menschen anderen aufzwingen, mit der Unfreiheit des Herzens, die durch die Angst vor der Zukunft verursacht ist. Christi Tod hat allen Menschen gleiche Freiheit geschenkt. Sein Auftrag hat alle Menschen berufen, ihre Freiheit miteinander zu teilen.
Ich glaube an den Heiligen Geist: Gottes Geist weckt Mut und Phantasie, ein menschliches Miteinander und eine Zukunft für diese Welt zu schaffen. Er gibt uns offene Augen für die Ausgestoßenen, für die Opfer unserer Lebensgestaltung, für die Ruhelosen und Verbrauchten, für alle, die scheinbar am Ende sind: In ihnen werden wir Christus begegnen.
Darum finde ich mich nicht ab mit der unmenschlichen Gestaltung unseres Lebens, mit der Mutlosigkeit unserer Zeit, mit der Abgrenzung voneinander, die dieser Welt eine unmenschliche Ordnung verleiht. Gottes Geist ermutigt Feinde, einander zu vergeben und Frieden zu stiften. Gottes Geist ermutigt uns, Zeichen eines neuen Lebens in dieser Welt zu setzen. Amen.

Vorrede zum Gesang
Um Gottes lebensspendenden Geist, um die Lebenskraft Christi wollen wir bitten, indem wir singen:

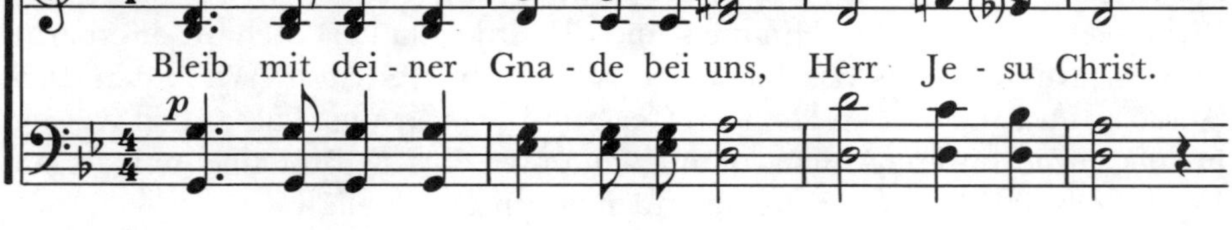

Musik: J. Berthier. © Les Presses de Taizé. Deutsche Rechte: Christophorus-Verlag, Freiburg i. Br.

V. Abendmahlsfeier

Präfation

Herr, wir danken dir, daß du das Licht bist auf unserem Weg!
Wir rühmen dich, Herr, für dein Tun an uns Menschen.
Wir danken dir, Vater, daß du uns das Leben geschenkt hast und uns täglich gibst, was wir zum Leben brauchen.
Wir danken dir, Jesus Christus, daß du uns erlöst hast vom Tod und uns teilgeben willst am Leben deiner Auferstehung.
Wir danken dir, Heiliger Geist, daß du uns den Glauben schenkst und uns Mut machst für unser Leben.
Wir rühmen deine Herrlichkeit, dreieiniger Gott, und stimmen ein in den Lobgesang deiner Schöpfung.
Wir vereinen unsere Stimmen mit allen, die uns im Glauben vorangegangen sind, und singen:

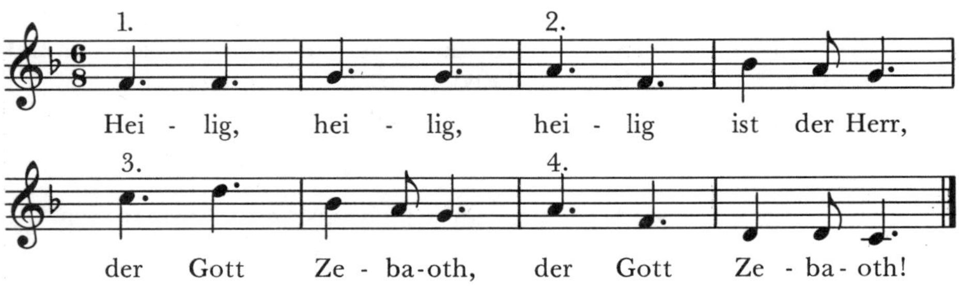

Epiklese

Wir loben dich, Herr des Himmels und der Erde. Du hast dich unser erbarmt und in Jesus Christus das Licht der Welt zu uns gesandt. Wir bitten dich: Sende auf uns herab den Heiligen Geist und wandle uns. Laß es hell werden in uns, öffne unsere Augen, damit wir unter diesem Brot und mit diesem Kelch Leib und Blut Christi empfangen zu unserm Heil.

Einsetzungsworte

In der Nacht, in der Jesus verraten wurde und verkauft von einem seiner Freunde und er sich dem Leiden unterwarf und durch seinen Tod das neue Leben bezeugte, da nahm er im Kreis seiner Jünger Brot, segnete es und gab es seinen Jüngern mit den Worten: Das ist mein Leib, den ich für euch hingebe. Nehmt und eßt alle davon!
Dann nahm er einen Kelch, segnete ihn und gab ihn seinen Jüngern und sprach: Nehmt und trinkt alle daraus! Das ist der Kelch des neuen und ewigen Bundes, mein Blut, das für euch und für alle vergossen wird zur Vergebung der Sünden. Trinkt alle daraus!

Anamnese

So oft wir von diesem Brot essen und aus diesem Kelch trinken, verkündigen wir seinen Tod, bis daß er kommt.

Kanon

Text: Christine Gaud; Musik: Michel Wackenheim. Übersetzung: Diethard Zils. Aus: Mein Kanonbuch, 1986. Rechte für die Übersetzung: tvd-Verlag, Düsseldorf

Vaterunser

Friedensgruß

Christus hat uns seinen Frieden geschenkt, damit wir Frieden stiften. Bevor wir zum Tisch des Herrn gehen, geben wir einander ein Zeichen des Friedens.

Austeilung

Während der Austeilung singt die Gemeinde *Gesänge* aus Taizé.

VI. Schlußteil: Aufbruch

Fürbittgebet mit Kyrie-Gesang

Laßt uns beten zu Gott, der uns das Licht gibt. Das Licht dieser Osternacht lasse uns Hinweis werden auf das Licht der Auferstehung Jesu Christi.
Laßt uns beten für alle Menschen, daß sie dieses strahlende Licht der Auferstehung erkennen und von der Osterfreude ergriffen werden.
Laßt uns beten für alle, die sich eingemauert haben in die Gräber ihrer Herzen und so in Angst und ohne Hoffnung leben, daß sie befreit werden aus der Finsternis.
Laßt uns zu Gott rufen:

Kyrie eleison (s. S. 132)

Laßt uns beten für alle, die einsam sind, daß ihnen ein Mensch als Gottes Bote Freude bringt,
und für alle, die krank und in Not sind, daß ihnen Hoffnung gebracht werde, für alle, die morgen auf dem Weg zu den Gräbern sind, daß sie die Nachricht von der Auferstehung erreicht und sie Menschen voller Zuversicht werden.
Laßt uns zu Gott rufen:

Kyrie eleison

Laßt uns beten für die eine weltweite christliche Kirche, daß sie geeint werde in der Verkündigung vom Sieg ihres Herrn und so die Botschaft von der Überwindung von Tod und Leid laut werde.
Laßt uns beten für unsere gequälte Erde, daß in ihr die Botschaft vom Sieg Christi über den Tod erklinge und daß alle, die Verantwortung tragen, von seinem Geist erfaßt werden und sich einsetzen für Gerechtigkeit, Frieden und die Bewahrung der Schöpfung. Laßt uns zu Gott rufen:

Kyrie eleison

Text zum Anzünden der Kerzen:
Die Helligkeit dieses Raumes und die Freude dieses Gottesdienstes wollen wir mitnehmen, wenn wir uns nun auf den Weg machen – nach Hause oder zum gemeinsamen Feiern aller Christen unseres Ortes bei der katholischen Kirche. Das Licht der Auferstehung Christi wollen wir hineinnehmen in unser Leben. Es soll uns Mut und Kraft geben, die Schatten der Angst, der Gewalt, der Ungerechtigkeit Schritt für Schritt zu verwandeln in ein Licht, in dem menschliches Leben gedeihen kann. Dieses Licht der Auferstehung wollen wir einander weitergeben. Für jeden und jede unter uns gibt es eine Osterkerze, für die Sie Licht von Ihrem Nachbarn bekommen und mit der Sie Licht weitergeben können.

Christus spricht: Ich bin gekommen in die Welt als ein Licht, damit alle, die an mich glauben, nicht in der Finsternis bleiben.

Anzünden der Kerzen in den Bankreihen

Segen
Der Herr segne uns und behüte uns,
der Herr lasse sein Angesicht leuchten über uns und sei uns gnädig,
der Herr erhebe sein Angesicht auf uns und gebe uns seinen Frieden. Amen.

Auszug aus der Kirche mit dem Gesang »Christ ist erstanden« (EKG 75)

Feier mit den katholischen Christen an der katholischen Kirche

Der vierte König

An sechs Sonntagen der Passionszeit wurde die Legende vom vierten König in der Textfassung von H. Erlau (Christophorus-Verlag, Freiburg/Burckhardthaus-Laetare Verlag, Gelnhausen 1979) im Kindergottesdienst erzählt und jeweils weiterführend als Kreuzweg gestaltet. MitarbeiterInnen des Kindergottesdienstes bereiteten für jeden Sonntag eine mit weißem Makulaturpapier beklebte Spanplatte (60 cm x 100 cm) vor, die von den Kindern – entsprechend dem Erzählabschnitt der Legende – bemalt bzw. beklebt wurde, so daß sechs »Kreuzwegbilder« entstanden (zur Herstellung der Kreuzwegbilder vgl. meine Hinweise in: E. Dieterich/A. Weide, Weit ist der Weg nach Emmaus, Verlag Junge Gemeinde, 1988, S. 86ff). Mit einer Kurzfassung der Erzählung und dem von den Kindern erstellten Kreuzweg wurde dann am Ostersonntag ein Taufgottesdienst gefeiert.

Lied
Jesus, unser Trost und Leben (Lied 10 im Anhang)

Votum

Gemeinsam gesprochener *Psalm:* Ps 118 (in Auswahl)

Gebet

Lobvers
Halleluja – Kanon (»Freut euch, ihr Christen«, in vielen Anhängen und Kirchentagsliederbüchern abgedruckt)

Schriftlesung: Osterevangelium Mk 16,1-8

Lied
86, 1.2.4 Auf, auf, mein Herz, mit Freuden

Predigtteil

In sechs Abschnitten wird die Legende vom vierten König erzählt. Zwischen den einzelnen Erzählteilen singt die Gemeinde der Kinder und Erwachsenen den Kehrvers »Mancher muß leiden«, nach dem letzten Erzählteil die Strophe »Jesus muß leiden«. Vor Beginn eines jeden Erzählteils werden die im Kindergottesdienst hergestellten Kreuzwegbilder im Altarraum aufgestellt, so daß ein Kreuzweg entsteht, der am Ende den gesamten Altarraum ausfüllt. Dieser

Kreuzweg bleibt auch noch während der anschließenden Kurzansprache und Taufe im Altarraum stehen.

Einleitung
Wir haben in den vergangenen Wochen im Kindergottesdienst die Geschichte eines Mannes, des Königs Coredan, gehört, der sich aufmachte, einen neugeborenen König zu suchen: Jesus. Aber er fand Jesus erst, als dieser bereits seinen Weg zum Kreuz angetreten hatte. Diese Geschichte, die man auch als eine weihnachtliche Geschichte verstehen kann, wollen wir heute morgen als österliche Geschichte hören, denn Coredan lernte auf seinem langen Weg durch Leid und Elend Jesus verstehen und fand so Leben und Auferstehung. Die Kinder des Kindergottesdienstes haben die Erfahrungen, die Coredan auf seinem Weg machte, mit Bildern eigener Erfahrungen begleitet, so daß ein Kreuzweg zum Leben entstand, an dem wir Sie heute am Tag der Auferstehung teilnehmen lassen möchten.

Lied: Mancher muß leiden

Text: Ulrich Fischer; Musik: Karlheinz Stichmann

Eine Liedbegleitung für Orff-Instrumente ist zu finden in: Wolfgang Longardt, Im Kreislauf des Jahres, Gütersloh 1978, S. 47.

1. Wege und Irrwege

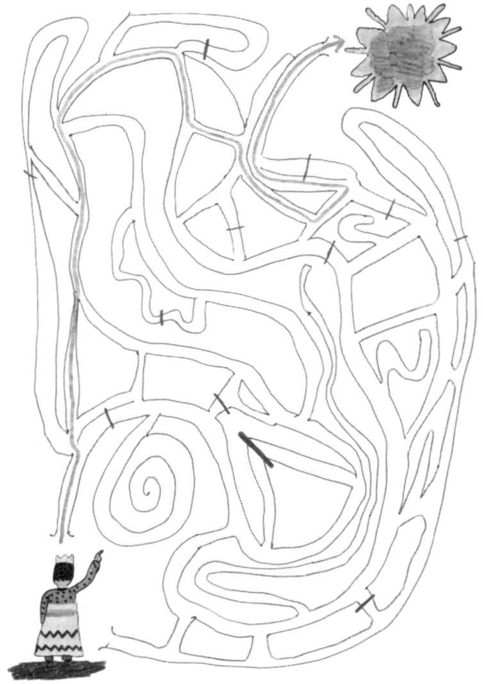

Vor fast 2000 Jahren regierte ein junger König in einem kleinen Land in den Bergen. Er war ein Mensch voller Kraft, stolz und tüchtig. Sein Volk liebte ihn. Dieser König hieß Coredan.
Eines Nachts hatte er einen Traum: Er sah eine dunkle Ebene, die vom Licht eines Sternes erhellt wurde. Viele Menschen waren auf dieser Ebene, elend und abgezehrt. Und sie alle streckten sich nach dem Licht aus, und Coredan hörte ihre Klagen. Da kam eine helle Gestalt vom Licht des Sterns her zu der Menge, und eine Stimme sagte: »Nur wer alles Elend dieser Erde gesehen hat, wird König sein.«
Voller Widersprüche war der Traum: Sonnenhelles Licht neben nachtschwarzer Finsternis. Aber eine ganz große Freude und eine unbändige Hoffnung erfüllten den jungen König, wenn er nur an diesen Traum dachte. Als er seinen Sterndeuter fragte, sagte der: »Wenn dieser Stern erscheint, dann wird ein König geboren, der größer ist als alle anderen.«
Da machte sich Coredan auf den Weg, um dem neugeborenen König seinen Dienst anzubieten. Er nahm Edelsteine seines Landes mit, um sie dem König zu schenken. Aber es war ein harter Weg, auf den er sich da eingelassen hatte. Die Kolonne durchquerte unwegsames Gelände, wand sich durch enge Pfade – an abschüssigen Felswänden entlang. Oft ging der Weg nicht weiter, und sie hatten das Gefühl, in einem Irrgarten umherzulaufen. Da verließ die meisten Begleiter des Königs der Mut, und sie kehrten wieder in ihre Heimat zurück. Aber Coredan zog weiter.

Lied: Mancher muß leiden

2. Zweifel und Hoffnung

Auf Coredans Weg gab es Erlebnisse, die ihm den Mut nahmen und Zweifel an dem Sinn seines Weges aufkommen ließen. So zum Beispiel die Begegnung mit drei Königen, die auch den größten König aller Zeiten suchten. Reich waren diese Könige, mächtig waren sie und klug. Und sie meinten, der neugeborene König, den der Stern anzeigte, wäre noch viel klüger, viel rei-

cher und viel mächtiger als sie selbst. Coredan wurde sehr unsicher. Er sagte: Ich weiß nicht, wie dieser König sein wird. Aber vielleicht brauchen die Menschen einen König, der sie versteht und der die Tiefen der Menschen kennt. Und bald trennte er sich auch von den anderen Königen. Denn sie kamen an ein Dorf, das gerade von feindlichen Soldaten zerstört worden war. Häuser brannten, Kinder schrien, Verwundete stöhnten. Die anderen Könige zogen achtlos an dem Elend der Menschen vorüber. Coredan aber standen plötzlich wieder die Bilder seines Traumes vor Augen. Da konnte er nicht weiterreiten, sondern er half, das Feuer zu löschen. Er tröstete und verband die Verwundeten und gab den Obdachlosen von den Edelsteinen, die er eigentlich mitgenommen hatte, um sie dem neugeborenen König zu schenken. Als er weiterzog, sah er nicht mehr wie ein König aus. Schmutzig war er, abgerissene Kleider trug er, müde war er, düstere Gedanken quälten ihn. Immer wieder fragte er sich, ob der Stern ihn wirklich auf dem richtigen Weg führte. Verzweiflung packte Coredan. Aber immer, wenn er an seinen Stern dachte, fand er wieder neuen Mut, dann wußte er wieder, daß er auf dem richtigen Weg war, auf dem Weg zum Leben, zum Licht.

Lied: Mancher muß leiden

3. Begegnung mit menschlichem Elend

Immer wieder lernte Coredan auf seinem Weg menschliches Elend kennen. Er kam in ein Gebiet, in dem nach jahrelanger Dürre eine große Hungersnot herrschte. Aus den ärmlichen Hütten kamen abgemagerte Gestalten gekrochen, elend und mit hungrigen Blicken. Voll Entsetzen erlebte Coredan, wie ein Vater seine Kinder in die Sklaverei verkaufen wollte, weil sie sonst vor Hunger gestorben wären. Und der Schrei des Vaters hallte ihm in den Ohren: »Warum werden Kinder in eine Welt hineingeboren, in der so etwas geschieht?«
Coredan gab wieder von den Edelsteinen, um die Kinder vor der Sklaverei zu erretten. Und immer aufmerksamer betrachtete er in der kommenden Zeit die Menschen, die ihm begegneten. Nun war er nicht mehr König, sondern Weggenosse und Bruder. Er kam in die Häuser einfacher Leute, und ihm gingen die Augen auf für das Elend der Menschen. Er lernte ihre Armut und Gebrechen, ihre Ängste und Bosheiten kennen. Er sah die Gedankenlosigkeit, mit der sie viele Dinge so treiben ließen, wie sie waren. Er sah, wie sie sich gegenseitig Leid antaten und wie sie Reichtümer horteten, während andere hungerten.
Helfen wollte er, ändern und bessern wollte er. Aber als er zu den Reichen und Angesehenen über seine Erfahrungen sprechen wollte, da wurde er ausgelacht und verspottet. Und Coredan kam sich sehr dumm vor. Hatte es wirklich Sinn, sich dem Elend der Menschen zuzuwenden, wie der Traum es wollte?

Lied: Mancher muß leiden

4. Gutes tun – Böses ernten

Einmal glaubte Coredan, endlich am Ziel zu sein: Am Hofe eines Königs war ein Kind geboren worden. Aber unter den Reichen und Mächtigen an diesem Hof traf er auf soviel Angst, Machtgier und Gleichgültigkeit gegenüber den Armen, daß er dachte: Das ist nicht das Licht, das ist nicht das Leben, zu dem ich unterwegs bin.

So zog er weiter – langsam, denn hier fand er einen Überfallenen, den er pflegen mußte, dort galt es, Hungrigen Nahrung zu geben. Nicht immer fiel Coredan das Helfen leicht, denn oft dachte er: Ich komme nie ans Ziel. Als er einmal drei Gefangene sah, die in einem Steinbruch arbeiten mußten, kaufte er sie frei, obwohl ihn der Wächter warnte. Coredan teilte Brot mit den Gefangenen und war freundlich zu ihnen. Aber in der folgenden Nacht wurde er überfallen und ausgeraubt. Schlimm war es für ihn, als er merkte: Das sind die drei Gefangenen, die ich losgekauft habe. Da wurde es ganz dunkel in ihm. Gutes hatte er getan und Böses geerntet. Aber Coredan hörte nicht auf, Gutes zu tun. Zuletzt schenkte er seinen königlichen Mantel einem Bettler.

Lied: Mancher muß leiden

5. In der Tretmühle

Coredan begegnete einem freundlichen Mann, der nahm ihn in sein Haus auf. Er konnte dort bequem leben und fand auch die Liebe einer Frau. Lange Zeit dachte er: Das hier ist das Leben. Was soll ich mir mehr wünschen?
Da weckte ihn eines Nachts wieder sein Traum: Wieder dieses helle Licht, das auf das Elend der Menschen schien. Unter diesen armen Menschen erkannte Coredan jetzt viele Gesichter von den Menschen, denen er in den letzten Jahren geholfen hatte. Und wieder erfüllte ihn übergroße Freude, und er dachte: Dieses Glück ist größer als alles, was ich im Hause des Reichen erlebt

habe. Und so machte er sich wieder auf den Weg. Er kam ans Meer und sah im Hafen einen Kran, der schwere Lasten auf die Schiffe hob. Nicht durch eine Maschine wurde dieser Kran angetrieben, sondern durch Sklaven, die sich in einem Rad, in einer Tretmühle ständig im Kreise bewegen mußten. Ein Mann, der Frau und Kinder hatte, sollte Sklave in dieser Tretmühle werden, weil er seine Schulden nicht bezahlen konnte. Coredan hatte Erbarmen mit diesem Mann. Er wurde anstelle dieses Familienvaters Sklave in der Tretmühle. Viele Jahre lief Coredan nun in diesem Rad. Jeden Tag dieselbe fast unmenschliche Anstrengung. Jeden Tag Erniedrigung, Erschöpfung und Entsagung. Nun gehörte er selbst zu den vielen Menschen auf dieser Erde, die gequält und bedrängt sind. Manchmal verzweifelte Coredan in dieser Tretmühle. Aber auch in den schwärzesten Stunden der Verzweiflung stand ihm die Erinnerung an die Verheißung seiner Träume wie ein tröstender Zuspruch zur Seite.

Lied: Mancher muß leiden

6. Unter dem Kreuz

Nach vielen Jahren erlangte Coredan die Freiheit wieder. Als alter, kranker Mann kam er nach Palästina, in die Nähe von Jerusalem. Viele Menschen erzählten ihm von Jesus und seinen Taten. Und wenn er sie erzählen hörte, kam ihm sein Traum wieder ganz groß und leuchtend in Erinnerung. »Nur wer alles Elend dieser Welt gesehen hat, wird König sein«, hatte die Stimme gesagt. Und Coredan verstand: Dieser König war nicht in einem Palast zu finden. Sondern dieser König war – wie Coredan selbst – unterwegs. Er war bei den Armen und Notleidenden, in den Steinbrüchen und in der Tretmühle zu finden. Aber wer sich diesem König zuwendet, der findet nicht den Tod, sondern das Leben.

In Jerusalem fand Coredan seinen König. Er hatte das Gefühl, ihn schon oft gesehen zu haben, im Traum und auch in den Gesichtern all der Menschen, denen er geholfen hatte. Nun sah er dieses Gesicht, umgeben von einer Dornenkrone, niedergebeugt von der Last des Kreuzes, umjohlt von einer erregten Menge.
Nur wenige Schritte konnte Coredan dem Strauchelnden das Kreuz tragen, dann wurde er zur Seite gestoßen und fiel zu Boden. Hilflos mußte er das Sterben Jesu miterleben. Und wieder kam ihm der Traum in Erinnerung. Denn im Gesicht des Sterbenden fand er abgrundtiefes Leiden und friedvolle Überwindung, tiefste Dunkelheit und dahinter helles Licht.
Coredan merkte mit großer Freude, daß er am Ziel seines Weges war. Obwohl Jesus starb, hatte Coredan das Leben gefunden. Dieses Leben, das immer wieder aufleuchtete im Leiden der Menschen, in seiner Zuwendung zu ihnen. Sonnenhelles Licht und nachtschwarze Finsternis hatte der Traum gezeigt. Und sonnenhelles Licht erfüllte Coredan nun ganz.

Lied (auf die Melodie S. 69)
Jesus muß leiden, leiden viel Not.
Jesus muß sterben bitteren Tod.
Gott steht im Leiden Jesus Christ bei.
Gott macht im Leid vom Tode ihn frei.
Halleluja. Jesus lebt.

Ansprache des Pfarrers / der Pfarrerin

Liebe Tauffamilien, liebe Gemeinde,
ein langer Weg war es, den König Coredan gehen mußte, um durchs Leiden zum Leben zu gelangen. Lange dauerte es, bis er merkte, daß er gerade in der

Begegnung mit dem Leiden der Menschen das Leben finden würde. Aber schließlich erfüllte ihn unter dem finsteren Kreuz Jesu an Golgatha ein helles Licht, das ihn froh machte.
Sie haben es sicher gemerkt: Coredan steht stellvertretend für uns, für uns alle, die wir zunächst meinen, daß Leben nur dann wirkliches, erfülltes Leben ist, wenn es frei ist von Leid. Das Beispiel Coredans, die hinter uns liegende Passionszeit und der heutige Ostertag sagen uns etwas anderes: Jesu Weg zum Leben ging nicht am Leiden vorbei, sondern durchs Leiden hindurch. Sein österlicher Sieg geschah nicht so, daß Leiden und Tod einfach überspielt wurden, sondern Leiden und Tod wurden an Ostern von ihm aufgehoben. Aufgehoben in einem doppelten Sinn: So aufgehoben, daß sie nun ein fester Bestandteil eines erfüllten Lebens wurden, aber auch so aufgehoben, daß sie keine niederdrückende Macht mehr haben.
Wenn nun Ihr Kind getauft wird, dann wird es in die Gemeinschaft mit Jesus Christus aufgenommen. Aufgenommen in die Gemeinschaft mit diesem Christus, der sein Leben im Leiden, in der Hingabe für andere erfüllt hat. Das heißt: Ihr Kind darf teilhaben am erfüllten Leben Christi, an diesem Leben, das kein paradiesisches Leben sein wird, kein Leben ohne Enttäuschungen und Schmerzen, ohne Gefahren und Leiden, aber ein Leben voller Erfüllung, ein Leben, in dem es nie allein sein wird,
ein Leben, in dem es begleitet wird von dem, der das Leiden selbst durchlitten und an Ostern aufgehoben hat ins Leben. Daß Ihr Kind in der Gemeinschaft mit dem gekreuzigten und auferstandenen Christus in vielfältiger Weise die Fülle des Lebens erfahren möge, das schenke ihm Gott. Amen.

Lied:
Jesus muß leiden

Taufhandlung

Lied
Vertrauen wagen dürfen wir (Lied 11 im Anhang)

Fürbittgebet

Vaterunser

Osterlämmeressen: Kinder verteilen an die Gemeinde gebackene Osterlämmer (Biskuit-Teig); im gemeinsamen Essen der Osterlämmer feiert die Gemeinde den österlichen Sieg Jesu, des Lammes Gottes.

Lied
75 Christ ist erstanden

Abkündigungen – Segen

In Gottes Hand

Tauferinnerungsfest am Sonntag Misericordias Domini (Sonntag des guten Hirten)

Lied
Der Gottesdienst soll fröhlich sein (Lied 9 im Anhang)

Votum

Spruch
Christus spricht: Ich bin der gute Hirte. Meine Schafe hören meine Stimme, und ich kenne sie, und sie folgen mir; und ich gebe ihnen das ewige Leben. Ehre sei dem Vater...

Gebet
Ps 23 gemeinsam gebetet

Lobvers
Weil ich Jesu Schäflein bin

Predigtteil: »Segen – Gottes Hände halten uns«

1. Erzählung nach Mk 10,13-16

(nach einer Vorlage von E. Richter in ku praxis 24,87; dort auch weitere Vorschläge für Tauferinnerungsgottesdienste)

Liebe Kinder, liebe Erwachsene, in der Bibel werden von Jesus wunderschöne Geschichten erzählt. Eine davon gefällt mir besonders gut – die will ich jetzt so erzählen, wie sie mir vor Augen steht.
Als Jesus nach langem Umherwandern wieder einmal nach Hause in sein Dorf zurückkehren wollte – über steinige Wege, über Wiesen, durch die Felder – da war es schön, ein sonniger, heißer wunderbarer Sommertag.
Er war nicht allein. Seine Freunde waren mit dabei. Sie unterhielten sich über dies und das. Sie redeten, fragten, hörten zu. Manchmal waren sie sehr ernst und nachdenklich, dann wieder lachten sie und waren fröhlich.
Gegen Mittag kamen sie in ein kleines Dorf. Im Nu waren viele Leute um sie herum. Sie wollten Jesus und seine Freunde begrüßen, mit ihnen reden. Unter ihnen waren auch Mütter und Väter mit Kindern an der Hand und auf dem Arm. Die drängten sich ein bißchen vor. Als sie bei Jesus angelangt waren, sagten sie: Bitte, Jesus, lege unseren Kindern deine Hand auf. Segne unsere Kinder. Und bete mit ihnen, bete für sie.

Wie Ihr Euch vorstellen könnt, ging das alles ein bißchen laut und unruhig zu. Die Kinder lachten und schubsten und drängelten ein bißchen, wie Kinder das eben machen. Aber darüber ärgerten sich die Freunde Jesu. Gab es nicht genug Erwachsene, die auch mit Jesus sprechen wollten? Wozu diese Unruhe hier. Und überhaupt: Jesus ist doch nichts für kleine Kinder! –
Geht weg, verschwindet. Ihr stört nur ihn und uns, sagten sie zu den Vätern und Müttern und Kindern. Unser Herr und Meister hat wirklich Wichtigeres zu tun, als sich mit Kindern abzugeben!
Die Freunde Jesu meinten es gut. Aber Jesus fand das gar nicht gut!
Halt! sagte er, so nicht! Ihr Kinder, kommt mal her. Zögernd und noch ein bißchen unsicher kamen sie zurück zu Jesus. Der schaute seine Freunde an und all die anderen Leute aus dem Dorf und sagte: Kinder darf man nicht fortschicken. Besonders denen gehört das Reich Gottes. Ich sage Euch, und Gott weiß, daß es wahr ist: Nehmt Euch an den Kindern ein Beispiel: Wer nicht so glauben und lieben und hoffen kann wie ein Kind, der wird es schwer haben, zum Reich Gottes zu gehören.
Dann winkte er die Kinder zu sich. Jedes Kind nahm er in die Arme, fragte nach seinem Namen, streichelte es und legte jedem die Hand auf und segnete es. Bald darauf gingen sie weiter, Jesus und seine Freunde. Die Kinder waren glücklich, und die Leute aus dem Dorf freuten sich mit ihnen. Sie wußten: Wir haben etwas ganz Wichtiges erlebt. Dieser Tag ist ein Fest. Heute ist Gott ganz nahe bei uns.

2. Betrachtungen zu einem Bild von D. Steigerwald

(Das Bild – erhältlich im Brendow-Verlag, 4130 Moers 1 – wurde auf Folie kopiert und wird nun auf eine Leinwand projiziert.)

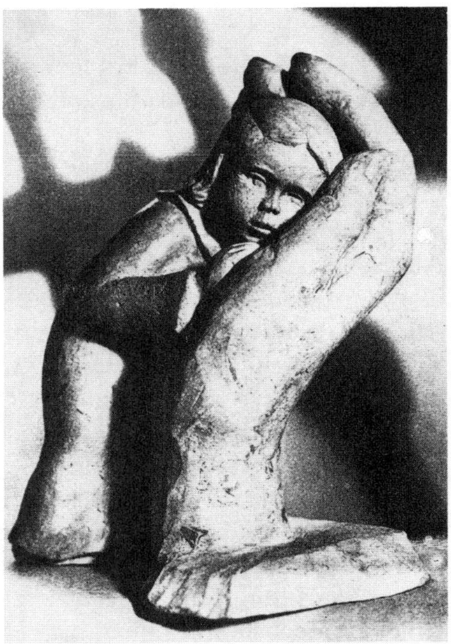

Liebe Kinder, wie gut einem die Hände eines Menschen tun können, das haben diese Kinder in der Begegnung mit Jesus erlebt. Wie gut einem die Hände eines Menschen tun können, das kennt Ihr aber auch aus Eurem eigenen Leben.
Kinder wissen das im allgemeinen noch sehr gut. Wir Erwachsenen achten manchmal vielleicht nicht so sehr darauf. Aber für jeden gibt es Situationen, in denen es entscheidend wichtig ist, ob wir eine Hand haben, die uns hält, oder eine Hand, die sich uns entgegenstreckt. – Ihr Kinder wißt, daß

es Hände gibt, die Euch streicheln, die mit Euch spielen und basteln. Hände, die einem etwas Gutes zu essen geben. Hände, die einen halten, wenn man sich allein fühlt oder Angst hat.
Wie gut Hände tun können, zeigt auch das Bild, das wir hier sehen. Eine Hand ist da abgebildet, die sanft aussieht, aber doch groß und stark ist. Eine Hand, die trösten und beschützen kann. Und das Kind, so sehen wir, geht ganz nahe hin zu dieser Hand, es legt sich richtig in die Hand hinein. Es fühlt die Nähe und Wärme dieser Hand und weiß: Hier kann ich bleiben. Und wenn da auch dunkle Schatten sind: hier brauche ich keine Angst zu haben, denn diese Hand beschützt mich.
So ähnlich, denke ich, haben sich die Kinder gefühlt, als Jesus sie in den Arm nahm und segnete. Und ich stelle mir vor, daß es auch bei der Taufe so ähnlich ist wie in der Geschichte von Jesus und wie auf diesem Bild. Solch eine gute Hand wird wohl jedem von uns in der Taufe entgegengestreckt, und wir alle können uns immer wieder an sie lehnen, um Mut und Rückhalt für unser Leben zu finden.

3. Segenstanz

Die Kinder des Kindergartens tanzen einen Segenstanz, bei dem die Hände in besonderer Weise eingesetzt werden: als segnende Hände, als beschützende, als streichelnde.

Tauferinnerung und Taufe

Die zum Tauferinnerungsfest persönlich eingeladenen Kinder (als sehr sinnvoll hat sich eine Einladung an die 5-6jährigen erwiesen, die im darauffolgenden Jahr eingeschult werden) werden namentlich nach vorn gerufen – ihr Taufspruch wird vorgelesen, und sie erhalten als Geschenk das im Predigtteil reflektierte Bild von D. Steigerwald (als Postkarte auf eine kleine Spanplatte aufgezogen, auf der Rückseite der Spanplatte ist das Datum des Tauferinnerungsfestes aufgeklebt) sowie eine Taufkerze, die von den Kindern des Kindergartens überreicht wird.

Tauferinnerungslied
152,1.2.4 Ich bin getauft

Tauffeier
Zu Beginn der Tauffeier schmücken Kinder des Kindergartens den Taufstein mit einer Decke, tragen eine Wasserkanne (mit Wasser) und die Taufschale herein und stellen sie auf den Taufstein.

Taufbefehl

Glaubensbekenntnis mit Tauferinnerung der Gemeinde (s.o. S. 14f)

Tauffrage an die Eltern

Taufhandlung mit Überreichung der Taufkerze, nach jeder Taufhandlung singt die Gemeinde: Segne uns, o Herr

Text und Melodie: Kommunität Gnadenthal. Aus: Mosaik 1-4/5. © Präsenz-Verlag, Gnadenthal, D-6257 Hünfelden

Abgeschlossen wird die Tauffeier, indem den Eltern der Täuflinge und allen Tauferinnerungskindern jeweils ein Gipsabdruck einer Hand geschenkt wird (Aufnahme des Predigtmotivs), auf den der Taufspruch des betreffenden Kindes mit buntem Filzstift geschrieben ist. Diese Gipsabdrücke können mit Kindern im Kindergarten hergestellt werden.

Lied
Nun schreib ins Buch des Lebens (nach der Melodie EKG 208)

1. Nun schreib ins Buch des Lebens,
   Herr, ihre Namen ein,
   und laß sie nicht vergebens
   dir zugeführet sein.

2. Ach präge jedem Kinde
   dein Wort recht tief ins Herz,
   daß es, bewahrt vor Sünde,
   dir dien in Freud und Schmerz.

3. Du, der du selbst das Leben,
   der Weg, die Wahrheit bist,
   uns allen wollst du geben
   dein Heil, Herr Jesu Christ.

Fürbittgebet (Erzieherinnen)
Herr, unser Gott, du guter Hirte, der du uns alle bei unserem Namen kennst, wir danken dir für deine Gnade und Treue, für diese Kinder, die du uns anvertraut hast.
Wir bitten dich: segne sie, sei bei ihnen auf ihrem Weg durch dieses Leben. Wir bitten dich um Sicherheit und Schutz für diese Kinder. Halte fern von ihnen, was böse ist und unmenschlich.
Hilf uns Erwachsenen, damit wir diesen Kindern kein Ärgernis geben, sondern ihnen Liebe schenken, deren wir fähig sind, damit sie erkennen können, daß du die Liebe bist, die uns hält und trägt.
Gott, du guter Hirte, wir beten zu dir für die Kinder, die heute ihre Tauferinnerung gefeiert haben, für die Getauften der letzten Jahre, daß du ihnen hilfst, Menschen zu werden nach deinem Bilde, Menschen, die andere lieben können wie sich selbst.
Gott, du guter Hirte, heute haben wir Grund zur Freude. Laß uns unsere Freude mit anderen teilen. Wir denken vor dir aber auch an die Leidenden und Alleingelassenen, an die von Arbeitslosigkeit und Unrecht, von Gewalt und Krieg Bedrohten in aller Welt, an alle, denen ein lieber Mensch durch den Tod genommen wurde. Mach uns bereit, ihr Leid zu teilen und mitzutragen.

Vaterunser

Lied:
Wir ziehen fröhlich unsere Straße (Lied 12 im Anhang)

Abkündigungen

Segen

Licht und Wasser (Tauferinnerungsfest)

Lied
82,1.2.4.5 Wir wollen alle fröhlich sein

Votum

Spruch
Jesus Christus spricht: Laßt die Kinder zu mir kommen und hindert sie nicht.
Denn ihnen gehört das Reich Gottes
Ehre sei dem Vater...

Das *Osterlicht* wird von einem Kind in die Kirche getragen, dazu *Dankgebet* und *Antwortgesang* der Gemeinde:
Wir danken dir Gott, daß wir als Menschen auf dieser Erde leben dürfen. Wir danken dir für all unsere Fähigkeiten und Begabungen. Wir danken dir für alle lieben Menschen und für alles, was unser Leben schön macht.
Wir danken dir für das Licht unseres Lebens.

Lied der Gemeinde: Danke für das Licht

Text: Rolf Krenzer. Musik: Detlev Jöcker. Aus: Liedheft und MC: Licht auf meinem Weg. Alle Rechte im Menschenkinder Verlag, 4400 Münster

Wir danken dir, Gott, für unsere Taufe. Wir danken dir, daß du uns als unser Freund durch unser Leben begleiten willst.
Wir danken dir, daß du unser Leben hell machen willst.
Wir danken dir für das Licht unserer Taufe.

Lied der Gemeinde: Danke für das Licht

Wir danken dir, daß gar nichts uns von dir und deiner Liebe trennen kann – nichts Böses, nichts Dunkles und auch nicht der Tod.
Wir danken dir für das Licht von Ostern.

Lied der Gemeinde: Danke für das Licht

Gnadenspruch
Jesus sagt: Ich selbst bin das Licht der Welt. Wer mir nachfolgt, wird nicht wandeln in der Finsternis, sondern wird das Licht des Lebens haben. Darum lobsingt dem Herrn und preist seine Gnade:

Lobvers der Kinder:
Licht der Liebe (Lied 13 im Anhang)

Predigtteil »Licht und Wasser«

I. Das Licht der Taufe

Einleitung

Pfr.: Während des Gebetes wurde eben die Osterkerze nach vorn gebracht. Das Osterlicht sagt: Freut Euch, Jesus ist auferstanden. Dann haben die Kinder ein Lied der Freude gesungen: »Licht der Liebe«. Jetzt hören wir die Geschichte von einem, dem ein Licht aufgegangen ist, so hell, daß sich für ihn alles geändert hat. Aus einem Feind und Verfolger ist ein Freund Jesu geworden.

Erzählung von Apg 9,1ff
Auf einer Leinwand erscheint ein auf Folie gemaltes Bild zu Apg 9,1-19 (siehe nächste Seite), dazu eine Nacherzählung des Textes, die so – oder ähnlich – auch von Jugendlichen gestaltet werden könnte:

Mitarb.: Es war ein düsterer Tag. Dunkle Regenwolken bedeckten den Himmel. Fünf Reiter waren auf der einsamen Straße nach Damaskus unterwegs. Einer von ihnen ritt voran. Sein Name war Paulus. Er war noch jung, aber er hatte einen finsteren Blick. Finstere Gedanken gingen ihm durch den Kopf. Er wollte in Damaskus Männer und Frauen gefangennehmen, die Freunde von Jesus waren. Dazu war er mit vier Männern und mit

Fesseln von Jerusalem ausgezogen. Er war sehr wütend auf die Freunde von Jesus, weil die überall herumerzählten: »Jesus ist auferstanden! Jesus lebt!« Und viele Leute glaubten ihnen.
So ritt Paulus vor seinen Männern her: die Hände tief in den Taschen vergraben und zu Fäusten geballt und die Augen auf die staubige Straße gerichtet. Da wurde es am Himmel hell. Heller als die Sonne, heller als der hellste Blitz wurde es. Paulus riß die Hände vors Gesicht. Er sah nichts mehr, nur noch Licht – keinen Baum, keinen Strauch, nicht mehr den Boden unter ihm, so hell war es um ihn herum. Da fiel er vom Pferd auf die Erde. Er hörte eine Stimme: »Paulus, Paulus, warum verfolgst du mich und meine Freunde?« Paulus konnte das Licht nicht ertragen, so blendete es ihn. »Wer bist du, Herr?« rief er. Und die Stimme antwortete: »Ich bin Jesus, den du verfolgst. Steh auf und geh in die Stadt. Da wird man dir sagen, was du tun sollst.« Dann war das Licht weg. Paulus öffnete langsam seine Augen. Aber – er konnte nichts sehen. Alles war schwarz vor seinen Augen. Die Männer, die bei ihm gewesen waren, waren starr vor Entsetzen. Sie hatten die Stimme gehört, aber niemanden gesehen. Nun halfen sie Paulus auf und führten ihn an der Hand nach Damaskus.
In Damaskus aber lebte Hananias. Der war einer von Jesu Freunden. Der hatte einen Traum und hörte Jesus rufen: »Hananias!« Da antwortete er: »Ja, Herr, hier bin ich.« Da sagte Jesus: »Geh hin zu Paulus, der in die Stadt gekommen ist, um euch gefangenzunehmen. Er ist blind geworden. Du sollst ihm deine Hand auf die Augen legen, dann wird er wieder sehen können.« »...und dann wird er mich und die anderen in Fesseln abführen,«

sagte Hananias. »Hab' keine Angst,« antwortete Jesus, »dieser Paulus ist euer schlimmster Feind gewesen, aber er wird euer bester Freund werden und überall von mir erzählen.« Da ging Hananias zu Paulus und legte ihm die Hand auf die Augen. Er sagte: »Jesus hat mich geschickt. Er ist in dem Licht gewesen, das dich geblendet hat. Nun sollst du wieder sehen können und ein Freund von Jesus werden.«

Da wurde es wieder hell in den Augen von Paulus. Er konnte Hananias sehen. Da sprang er auf vor Freude und rief: »Hananias, ich will dein Freund sein! Ich will auch zu Jesus gehören. Bitte taufe mich!« Hananias umarmte ihn. Und Hananias taufte ihn. Jetzt war Paulus auch ein Freund von Jesus.

Taufkatechese

Pfr.: In unserer Geschichte hat Paulus eine Zeitlang im Dunkeln gesessen. Er konnte nichts sehen und seine Freunde mußten ihn an der Hand führen.

Ich glaube, Ihr habt das alle schon einmal erlebt, wie das ist, im Dunkeln, wenn man nichts sieht. Dann kann man sich leicht irgendwo stoßen und weh tun. Wenn es ganz dunkel ist, stockdunkel, dann haben wir Angst, auch die Erwachsenen. Darum machen wir auch das Licht an, wenn wir nachts schlecht geträumt haben.

Es gibt aber auch noch andere Dunkelheiten: wenn wir ganz traurig sind, wenn wir einen schlimmen Streit haben, wenn wir uns nicht freuen können, wenn ein Mensch gestorben ist. Dann ist es in uns drinnen ganz dunkel, auch wenn draußen die Sonne scheint.

In unserer Kirche bekommt jedes Taufkind eine brennende Kerze geschenkt, die an der Osterkerze entzündet wird. Diese Taufkerze sagt uns: Jesus ist unser Licht. Auch wenn es dunkel ist und wir Angst haben; Jesus ist bei uns und macht es hell. Das ist, wie wenn in einem dunklen Raum eine Kerze angezündet wird: wir können wieder sehen, die Angst geht weg. Wir können wieder lachen und uns freuen. Das zeigen uns die Kindergartenkinder nachher mit ihrem Lichtertanz.

Ihr könnt Euch freuen, weil Ihr getauft seid. Wie Paulus und Hananias seid Ihr Freunde von Jesus. Daran erinnert auch die Taufkerze, die für jeden von Euch gleich an der Osterkerze entzündet wird: Ich bin getauft. Jesus ist mein Licht. Ich bin im Dunkeln nicht allein. Amen

An der hereingetragenen Osterkerze werden nun für alle GottesdienstbesucherInnen kleine *Prozessionskerzen* entzündet: Das Licht der Taufe kommt zu den Getauften.

Eine Kindergruppe tanzt einen *Lichtertanz* mit Handlichtern nach der Musik »Der Morgen« aus der Peer-Gynt-Suite Nr. 1 von E. Grieg.

Kanon der Gemeinde: Mir ist ein Licht aufgegangen (Lied 16 im Anhang)

II. Das Wasser der Taufe

Jugendliche oder Kinder bringen eine Taufschale und einen Krug mit Taufwasser nach vorn zum Taufstein, dazu spricht der Pfarrer/die Pfarrerin: Vom Licht der Taufe haben wir gehört. Wir sehen die Taufkerzen vor uns. Aber wir wollen nicht vergessen, daß es noch etwas ganz Wichtiges bei der Taufe gibt: das Wasser. Jedem von Euch wurde bei der Taufe dreimal ein wenig Wasser über den Kopf gegossen. Und dabei wurde gesagt: »Ich taufe Dich im Namen Gottes, des Vaters und des Sohnes und des Heiligen Geistes.« Warum aber mit Wasser?

Nun, jeder weiß, daß Wasser lebenswichtig ist. Menschen, Tiere, Pflanzen – sie alle brauchen Wasser, wenn sie leben wollen. Wir alle brauchen Mut, Kraft, Freude und Hoffnung, wenn wir leben wollen. Und wir nehmen so etwas Lebensnotwendiges wie das Wasser bei der Taufe, um zu zeigen, daß Gott uns allen durch Christus das geben will, was wir brauchen, um wirklich zu leben.

Wasser tut aber noch etwas anderes: Es reinigt uns. Es wäscht den Schmutz von uns und macht uns frisch. Auch daran sollen wir uns bei der Taufe erinnern; denn Gott wird uns immer wieder von allem Bösen reinigen und befreien, das uns am Leben hindert.

III. Die Tauferinnerung

Pfr.: Liebe Gemeinde! Heute erinnern wir uns an unsere Taufe. Wir erinnern uns daran, daß wir mit dem Wasser getauft worden sind, das Menschen zum Leben brauchen. Bei unserer Taufe wurde eine Kerze angezündet, die an Jesus erinnern soll, der unser Licht ist. Bei der Taufe wurde das Kreuzeszeichen auf unsere Stirn gemacht, um zu zeigen, daß wir Gottes Freunde, Freunde Jesu sind. Und es wurde bei unserer Taufe um Gottes Hilfe für uns, für unsere Eltern und für unsere Paten gebetet. Wir haben gemeinsam mit der Gemeinde gesungen und Gottesdienst gefeiert, und der Pfarrer oder die Pfarrerin, die uns getauft hat, hat einen Talar getragen so wie ich heute morgen. Damit sollte gezeigt werden, daß wir ganz öffentlich als neue Mitglieder in der Gemeinde der Christen begrüßt wurden, daß Gott vor den Menschen seiner Gemeinde ganz öffentlich zu jedem von uns sagt: »Du bist mir wichtig, Du bist mein Freund!«

Schauen wir uns um: Diese Kinder sind alle Freunde Gottes. Wir haben viele Freunde in Gottes Gemeinde – hier in dieser Gemeinde, dort, wo wir einmal wohnen werden, auf der ganzen Welt. Nie sollen wir es vergessen: Wir sind nicht allein, Gott geht mit uns als unser Freund, und wir haben Freunde in Gottes Gemeinde.

(An dieser Stelle könnte eine Verlesung der Taufsprüche jener Kinder erfolgen, die zu diesem Gottesdienst in besonderer Weise eingeladen wurden [zum Beispiel alle, die im kommenden Jahr eingeschult werden]; diese Kinder erhalten als Tauferinnerungsgeschenk ein Bild mit Taufspruch und eine Kerze.)

Lied
152, 1+2 Ich bin getauft

IV. Der Segen der Taufe

Fürbittgebet mit Kehrvers: Segne uns, o Herr (s. S. 80)

Herr, wir bitten dich für alle, die sich heute ihrer Taufe erinnern. Laß dieses Erinnern fruchtbar werden, so daß sie heranwachsen als deine Freunde und anderen etwas von deiner Freundlichkeit weitergeben.

Segne uns, o Herr

Herr, wir bitten dich für die Eltern und Paten aller getauften Kinder. Erfülle sie mit deinem Geist, so daß sie durch ihr Denken, Reden und Handeln ihren Kindern von deiner Liebe und Freundlichkeit Zeugnis geben. Zu dir rufen wir:

Segne uns, o Herr

Herr, wir bitten dich für alle getauften Christen, daß sie sich als deine Freunde zu Freunden der Benachteiligten, Unterdrückten und Friedlosen machen, und daß sie in deiner gequälten Schöpfung Zeichen deiner erhaltenden Liebe setzen. Zu dir rufen wir:

Segne uns, o Herr

Vaterunser

Schlußlied
Segne und behüte

Abkündigungen

Segen

IV. Gottesdienste zur Pfingst- und Trinitatiszeit

Die Kirche feiert Geburtstag

Lied
218, 1-3.7 Sonne der Gerechtigkeit

Votum
Im Namen des Vaters, der Vater aller Christen ist,
im Namen des Sohnes, der Herr seiner Kirche ist,
im Namen des Heiligen Geistes, der die getrennten Kirchen verbindet. Amen.

Spruch
Dies ist der Tag, den der Herr macht. Laßt uns freuen und fröhlich darin sein.

Gebet
A: Lieber Vater im Himmel. Heute feiert deine Kirche Geburtstag.
Am Pfingstfest vor etwa 1990 Jahren begann die Geschichte deiner Kirche.
Eine lange Geschichte. Eine Geschichte, die noch nicht zu Ende ist.

B: Ein Schiff, das sich Gemeinde nennt,
fährt durch das Meer der Zeit.
Das Ziel, das ihm die Richtung weist,
heißt Gottes Ewigkeit.

A: Lieber Vater, deine Kirche hat in ihrer langen Geschichte viel Böses erlebt!
Sie hat sich gespalten, sie hat sich bekämpft, sie hat sich zerstritten.

B: Das Schiff, es fährt vom Sturm bedroht
durch Angst, Not und Gefahr,
Verzweiflung, Hoffnung, Kampf und Sieg,
so fährt es Jahr um Jahr.

A: Lieber Vater, manchmal schien es so, als ob deine Kirche nicht recht wußte, welchen Weg sie gehen sollte.
Manche Wege führten in die Irre, manche Wege waren schlecht, manche Wege führten ins Verderben.

B: Und immer wieder fragt man sich:
wird denn das Schiff bestehn?
Erreicht es wohl das große Ziel,
wird es nicht untergehn?

A: Doch heute, am Geburtstag deiner Kirche haben wir Grund zur Hoffnung, lieber Vater.
Deine Kirche, deine zerstrittene und getrennte Kirche versucht, neue gemeinsame Wege zu gehen.
Wege aufeinander zu, Wege miteinander, Wege hin zur Einheit.
Für diese Wege bitten wir:

B: Bleibe bei uns, Herr!
Bleibe bei uns, Herr!
Denn sonst sind wir allein auf der Fahrt durch das Meer.
O bleibe bei uns, Herr! Amen.

Lied
Ein Schiff, das sich Gemeinde nennt (Str. 1 und 3)

Anspiel »Pfingsten – die Kirche feiert Geburtstag«

ErzählerIn: Die christliche Kirche feiert heute Geburtstag. Das Pfingstfest nach dem Tode Jesu war praktisch die Geburtsstunde der Kirche. Daran wollen wir heute an diesem Pfingstsonntag erinnern. Deshalb diese Geburtstagsfeier, zu der wir eingeladen haben und an der Sie alle als Gäste teilnehmen. Als sensationell möchte ich bezeichnen, daß auch einige ganz berühmte Gäste ihre Teilnahme an dieser Geburtstagsfeier zugesagt haben.
Da vorn kommt schon der erste von ihnen. Guten Morgen.

Leo der Große: Guten Morgen! Bin ich hier richtig bei der Geburtstagsfeier der christlichen Kirche?

ErzählerIn: Ganz recht, ganz recht! Vielleicht stellen Sie sich doch einmal unseren Gästen vor. Wer sind Sie? Woher kommen Sie?

Leo der Große: Ich habe eine beschwerliche Reise mit der Pferdekutsche hinter mir. Mehr als zwei Wochen schon bin ich unterwegs – quer durch Europa. Ich komme nämlich aus Rom! Ich bin der Bischof von Rom.

ErzählerIn: Der Bischof von Rom?

Leo der Große: Ja, der Bischof von Rom. Vielleicht bin ich Ihnen bekannter unter meinem anderen Titel, den ich trage: Der Papst. Gestatten: Papst Leo der Große aus Rom, erster Papst der römisch-katholischen Kirche.

Sie wissen ja: Ich bin der Nachfolger des Petrus und der Stellvertreter Christi auf Erden, denn Jesus hat zu Petrus gesagt: »Du bist der Fels, auf dem ich meine Kirche bauen will! Und ich will dir die Schlüssel des Himmelreiches geben.« Diese Schlüssel habe ich zur Geburtstagsfeier gleich mitgebracht, damit jeder meine Vollmacht deutlich erkennen kann (zeigt einen überdimensionalen Schlüssel aus Pappe in die Höhe).

Patriarch Michael: Was heißt hier Vollmacht? Ich höre immer Vollmacht! Du, Leo, hast doch nicht mehr zu sagen als ich!

Leo der Große: Bitte??? Mit wem rede ich überhaupt?

Patriarch Michael: Ich bin der Patriarch von Konstantinopel. Mein Name ist Michael. Sie wissen: Konstantinopel war als Stadt und Bischofssitz genauso bedeutend wie Rom. Aber ewig wollten die Bischöfe von Rom, die sich Päpste nannten, uns Vorschriften machen. Und eines Tages, das war vor... äh, äh, genau 936 Jahren, da hat es uns gereicht. Wir haben uns selbständig gemacht. Wir haben eine eigene Kirche gegründet: Die orthodoxe Kirche.

ErzählerIn: Sie sind also der Gründer der orthodoxen Kirche. Eine bescheidene Frage: Gibt es heute denn überhaupt noch orthodoxe Christen?

Patriarch Michael: Oh ja! In ganz Osteuropa können Sie welche finden: In Rußland, auf dem Balkan, in der Türkei und in Griechenland.

ErzählerIn: Und wie steht ihr zur katholischen Kirche?

Patriarch Michael: Ach, eigentlich können wir die katholische Kirche ganz gut leiden. Wir stimmen auch in vielen Fragen mit ihr überein. Nur, daß der Papst unfehlbar sein soll, das wollen wir nicht glauben. Das ärgert uns.

Heinrich VIII: Ganz recht, ganz recht! Das hat mich auch geärgert. Und deshalb habe ich auch eine eigene Kirche gegründet.

ErzählerIn: Wer sind Sie denn? Sind Sie auch zu unserer Geburtstagsfeier eingeladen?

Heinrich VIII: Ich verbitte mir diesen Ton. Sie sehen doch wohl, daß ich was Besseres bin. Ich bin ein König, genauer: König von England. Mein Name lautet: Heinrich, Heinrich VIII.

Patriarch Michael: Äh, Majestät! Sie wollten gerade erzählen, warum Sie sich von der katholischen Kirche getrennt haben. Das interessiert mich sehr.

Heinrich VIII: (etwas verlegen) Also, äh... das war so. Es geschah vor 460 Jahren. Anfangs stand ich mit dem Papst ganz gut. Er hieß übrigens auch

Leo – wie Sie (zu Leo d.G.). Aber dann passierte es. Meine Frau Katharina war eine Spanierin, ein fürchterlicher Drachen. Und ich hatte da eine reizende, bezaubernde Freundin, Anna Boleyn hieß sie, die wollte ich gern heiraten. Als ich den Papst bat, er möchte meine Ehe mit Katharina scheiden, hat er doch tatsächlich »nein« gesagt.

Leo der Große: Recht hat er gehabt!!!

Patriarch Michael: War ja auch nicht ganz anständig, was Sie da vorhatten mit Ihrer Frau.

Heinrich VIII: Halten Sie sich da ganz raus, bitte. Also der Papst stimmte der Scheidung nicht zu. Da habe ich mich halt zum Oberhaupt unserer englischen Kirche machen und mich scheiden lassen. In vielen Punkten sind wir katholisch geblieben: Wir feiern unsere Gottesdienste wie die Katholiken und haben auch Bischöfe wie sie. Aber in unserem Glauben haben wir viel von Martin Luther und Johannes Calvin übernommen.

Luther: Wenn man den Teufel nennt, kommt er gerennt. Guten Morgen, alle beieinander.

Calvin: Eben gerade wurden unsere Namen erwähnt. Worum ging's denn?

Leo der Große: Sie beide sind also Martin Luther und Johannes Calvin? Mit Ihnen habe ich noch ein Hühnchen zu rupfen. Was ist eigentlich in Sie gefahren, als Sie vor 473 Jahren solch einen Aufstand gegen uns angefangen haben?

Luther: Ich darf für meinen Freund Johannes mit antworten. Früher haben wir uns zwar nicht so gut verstanden und haben uns auch oft gestritten.

Calvin: Vor allem übers Abendmahl, nicht wahr?

Luther: Ja richtig! Aber seit einiger Zeit vertragen wir uns sehr gut. Ja, also, warum haben wir uns gegen euch Päpste aufgelehnt, fragst du. Ich sage es dir: Wir fühlten uns nicht mehr frei in eurer Kirche. Eingeengt durch den Ablaß, durch die Beichte und die Messe. Deshalb habe ich auch damals die 95 Thesen an die Schloßkirche zu Wittenberg geschlagen.

Calvin: Deshalb habe ich auch alle Kirchen gründlich reformiert: Alle Kreuze, Kerzen, Bilder und Orgeln habe ich rausgeschmissen. Nur die Bibel sollte Geltung behalten.

Luther: Johannes, ein bißchen weit bist du dabei aber doch gegangen. Aber lassen wir das jetzt. Ich finde, wir sollten jetzt unsere Streitigkeiten vergessen und gemeinsam Geburtstag feiern. Denn es ist doch die Kirche von uns allen, die heute Geburtstag hat.

Patriarch Michael: Und wir sollten doch nicht vergessen, daß wir alle viel gemeinsam haben. Wir treffen uns alle unter dem Kreuz Jesu Christi, der in allen Kirchen der Herr ist. Und wir beten in allen Kirchen dasselbe Glaubensbekenntnis und das Vaterunser.

Calvin: Ja, und die Bibel ist die Grundlage für alle Kirchen.

Luther: Und die Taufe erkennen wir auch alle an.

Leo der Große: Nur mit dem Abendmahl ist das so 'ne Sache: Ihr Evangelischen feiert das nicht richtig, ihr...

Calvin: Was heißt hier nicht richtig...

Luther: Johannes, hör auf zu streiten. Vielleicht werden wir mit der katholischen Kirche eines Tages auch noch über das Abendmahl einig werden. Schön wäre es. Heute aber sollten wir wirklich feiern, ohne zu streiten. Ziemlich genau 1990 Jahre wird die christliche Kirche heute alt. Ich finde, das ist schon ein stolzes Alter.

Heinrich VIII: Ja, das ist ein Grund zum Feiern. Her mit dem Kuchen!

Auf diese Worte hin kommen die Kinder nach vorn und singen ein ökumenisches Geburtstagsständchen: Hallelujah, praise ye the Lord

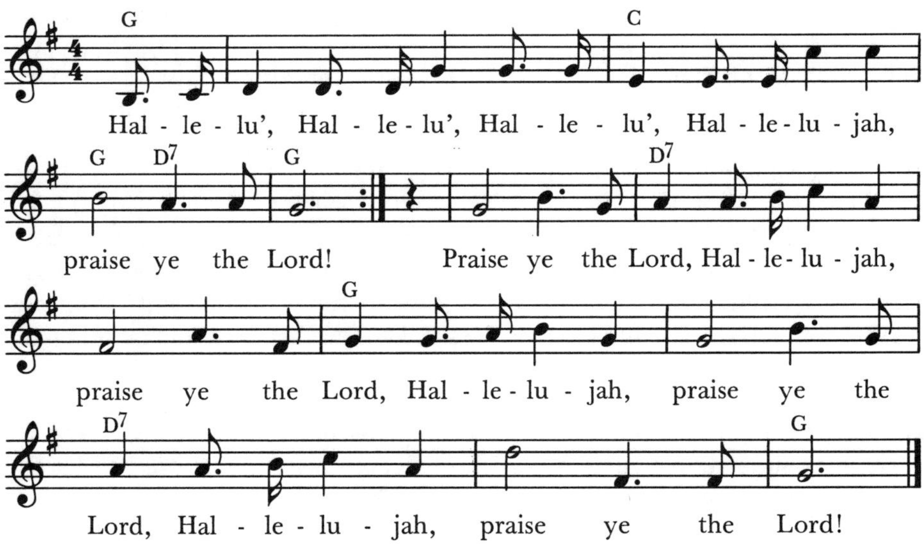

Text und Musik: mündlich überliefert

Dieses Lied wird dann von der Gemeinde mitgesungen, indem die Gemeinde das Singen zunächst durch Klatschen unterstützt, sich dann an den Händen faßt und schließlich bei »Halleluja« aufsteht und bei dem übrigen Text hinsetzt:

Kinder: Halleluja,	praise ye the Lord (engl.)
	preiset den Herrn
Klatschen:	Gloire au Seigneur (franz.)
	Gloria deo (lat.)
An den Händen fassen:	doxa theou (griech.)
	chwali christa (russ.)
Aufstehen/hinsetzen:	Tumsifuni (Suaheli)
	Gloria Senhor (port.)

Geburtstagsessen

Vor Beginn des Essens spricht Martin Luther ein Tischgebet.

Gemeinsames Kuchenessen

Die SchauspielerInnen des Anspiels essen auf der Bühne, die Kinder verteilen den Kuchen in der Gemeinde.

Gemeinsamer Kanon

Das Geburtstagsessen wird abgeschlossen durch den *Kanon*: Danket, danket dem Herrn.

Ein Symbol der *einen* Kirche wird gebaut: Auf dem Kreuz hinter dem Altar ist als Text zu lesen: »Ein Herr – eine Kirche« (mit Blumen auf Karton gesteckt). Dieses Kreuz wird vervollständigt, indem jeder Mitspieler des Anspiels ein Symbol seiner Kirche an dieses Kreuz hängt:

Papst	–	Schlüssel
Patriarch	–	orthodoxes Kreuz
Heinrich VIII	–	Krone und Szepter
Luther	–	95 Thesen
Calvin	–	Bibel

Schlußgebet mit Vaterunser

Herr Gott! Vieles noch trennt die Kirchen voneinander. Doch der Weg aufeinander zu ist begangen. Diesen Weg wollen wir mitgehen – mit allen Christen dieser Welt. Eben haben wir gesehen, wohin dieser gemeinsame Weg führt: zu dir, unter dein Kreuz. Bei dir, unter deinem Kreuz wollen wir uns treffen, treffen mit den Kirchen fremder Länder, mit den Kirchen, die wir nicht ganz verstehen, mit den Kirchen, denen gegenüber wir Vorbehalte haben. Bei dir, unter deinem Kreuz, wollen wir uns treffen als deine Kirche, als die eine Kirche Jesu Christi in vielfacher Gestalt. Vater unser …

Schlußlied

108,1.4.7 O komm, du Geist der Wahrheit

Segen

Ein Hauch von Gott: Heiliger Geist

Diesen Gottesdienst kann man als Abschluß der Kinderbibelwoche »Ein Hauch von Gott« (hg. vom Evangelischen Bildungswerk Berlin) gestalten, er ist aber ebensogut als selbständiger Pfingstgottesdienst durchführbar.

Lied
108,1.2.7 O komm, du Geist der Wahrheit

Votum

Spruch
Gott hat uns nicht gegeben den Geist der Furcht, sondern der Kraft
und der Liebe und der Besonnenheit.
Ehre sei dem Vater...

Gebet
Komme, geheimnisvoller Atem,
leiser zärtlicher Wind,
hauche uns an, damit wir leben,
ohne dich sind wir tot!

Komme, in Feuer und in Flammen,
zünd uns an wie ein Licht,
mache uns trunken von der Liebe,
wir sind starr, tau uns auf!

Komme, Erfinder neuer Sprachen,
gieß dich aus über uns,
rede in uns mit neuen Zungen,
komm, begeistere uns!

Komme, du Hoffnung aller Armen,
schaff den Wehrlosen Recht,
daß die Gebeugten sich erheben,
daß sich Völker befrein!

Komme, du Tröster aller Müden,
Stille mitten im Lärm,
in den Terminen schaff uns Pausen,
laß uns ausruhn in dir!

Komme, du Taube übers Wasser,
bring den Ölzweig herbei,
bring uns das Zeichen für den Frieden,
den die Erde ersehnt!

Komme vom Vater und vom Sohne,
komm, du schaffende Kraft,
mache uns neu, und unsre Erde
hat ein neues Gesicht! (*L. Zenetti*)

Lied
105,1.6 Zeuch ein zu deinen Toren

Schriftlesung: Apg 2,1-41 (in Auswahl)

Lied zur Schriftlesung
Am hellen Tag kam Jesu Geist (Lied 14 im Anhang)

Predigt
Gnade sei mit uns und Friede von Gott, unserem Vater, und dem Herrn Jesus Christus. Amen.
Liebe Tauffamilie, liebe Eltern und Kinder, liebe Gemeinde! Stellen Sie sich vor, wir sollten anderen Menschen Auskunft über unseren christlichen Glauben geben. Über Gott, den Vater und den Schöpfer der Welt zu sprechen, würde uns vielleicht noch leicht fallen, etwas über Jesus Christus zu sagen, wäre wohl kein Problem. Wenn wir aber erklären sollten, was Heiliger Geist ist, dann hätten wir alle wohl unsere Schwierigkeiten. Zu abstrakt scheint doch auf den ersten Blick das zu sein, was wir als Heiligen Geist bezeichnen. Doch nur auf den ersten Blick! Beim näheren Hinsehen und Nachdenken zeigt sich, daß Heiliger Geist etwas höchst Konkretes, etwas Faßbares ist. In der Schriftlesung zum heutigen Pfingstsonntag war der Heilige Geist jene Kraft, die Grenzen zwischen Menschen verschiedener Sprachen niederriß. Durch den Heiligen Geist konnten sich damals am Pfingsttag in Jerusalem Menschen verstehen, die zuvor einander fremd waren. Heiligen Geist also kann man spüren überall dort, wo Trennendes zwischen Menschen überwunden wird.
Aber Heiliger Geist ist noch mehr. In der Schöpfungsgeschichte der Bibel lernen wir den Heiligen Geist als Lebensatem kennen, als das, was Gott uns eingehaucht hat, damit wir leben können. In der Begegnung mit Jesus lernen wir den Heiligen Geist als einen Lebensgeist kennen, der Gefangene frei, Arme reich, Kranke heil und Geschlagene froh machen kann. Und schließlich können wir vom Propheten Ezechiel lernen, daß der Heilige Geist eine Kraft ist, die starre Menschen in Bewegung bringen kann. An seinen Wirkungen spüren wir, daß Heiliger Geist nichts Abstraktes ist:
er reißt Grenzen zwischen Menschen nieder,
er macht Menschen lebendig,
er verändert das, was Menschen unfrei macht,
er bringt Menschen in Bewegung.
Und dennoch: Auch wenn wir die Wirkungen des Heiligen Geistes an uns selbst oder in der Gemeinschaft mit anderen spüren, so bleibt der Geist als solcher doch unsichtbar. Und so ist es kein Zufall, daß in der Bibel der Heilige Geist oft mit einem Hauch, einem Wind, einem brausenden Sturm ver-

glichen wird – so ja auch in der vorhin gehörten Pfingstgeschichte. Den Wind selbst kann niemand sehen, seine Wirkungen aber erkennt jeder und jede. Wir sehen keinen Wind, aber wir spüren, wie er unsere Haut kühlt, und wir sehen, wie er die Blätter an den Bäumen bewegt. Auch wenn wir etwas nicht sehen, kann es doch eine Wirklichkeit sein – so wie der Wind, so wie der Geist.
Vielleicht hängt es mit der Unsichtbarkeit des Heiligen Geistes auch zusammen, daß die Bibel in Bildern von diesem Geist spricht, ihn Hauch Gottes nennt, ihn als Flamme und Feuer schildert oder ihn als Taube darstellt.

(Plötzlich taucht eine Mitarbeiterin auf, die als Taube gekleidet ist; sie hört auf den Namen Florentine.)

Florentine: Wer redet hier von Tauben?

Pfr.: Bitte unterbrich mich nicht. Ich predige gerade über den Heiligen Geist.

Florentine: Über den Heiligen Geist? Da bin ich ja genau richtig. Wir Tauben sind doch ein Zeichen für den Heiligen Geist. Das hat meine Urgroßtante Luise schon gesagt. Die hat zu mir gesagt: Florentine, als Jesus getauft wurde, da ist der Heilige Geist wie eine Taube zu ihm gekommen. Darum sind wir Tauben alle ein Zeichen für den Heiligen Geist.
(Guckt auf das Antependium am Altar, auf dem eine Taube abgebildet ist; hier wäre auch eine Taubendarstellung in der Kirche einzubeziehen.)
Guck, da vorn am Altar habt Ihr ja selbst so eine Taube abgebildet – als Zeichen für den Heiligen Geist.

Pfr.: Das ist ja ganz richtig, aber darf ich jetzt endlich weiterpredigen? Ich will der Gemeinde doch erklären, was Heiliger Geist ist.

Florentine: Hör besser auf zu predigen! Laß uns lieber gemeinsam erfahren, wie der Heilige Geist wirkt, wie er uns belebt und verändert.

Pfr.: Und wie soll das gehen?

Florentine: Schau mal, da sind so viele Kinder. Die sind ganz begeistert. Die haben noch ganz viel vom Heiligen Geist in sich. Vielleicht könnten die ja etwas von ihrer Begeisterung an uns weitergeben.

Pfr.: Eine gute Idee!

Es folgt die Aufstellung der Kinder zum Lied »Gib uns deine Kraft« (Lied 15 im Anhang), zuerst einstimmig mit einer Trompete, dann mit Gemeinde und mehreren Trompeten, dann zweistimmig mit Trompeten, schließlich dreistimmig mit Posaunen und Gemeinde.

Pfr.: Jetzt haben die Kinder schon etwas von ihrer Begeisterung an uns Erwachsene weitergegeben. Und was nun?

Florentine: Ich sehe da ein ganz kleines Kind auf dem Arm seiner Mutter. Wie schön wäre es, wenn wir dieses Kind mit dem Heiligen Geist anstecken würden, genauso wie damals mit Jesus bei der Taufe im Jordan.

Pfr.: Oh ja, dazu brauche ich aber deine Hilfe, Florentine, und die Hilfe der Eltern, der Paten und der Gemeinde. Am besten, ich frage die ganze Gemeinde, ob sie bereit ist, aus demselben Geist heraus zu glauben. Und die Gemeinde soll dann mit den Worten des alten Glaubensbekenntnisses antworten.

Es folgt das *Nicänische Glaubensbekenntnis* und die Tauffrage an Eltern und Paten.

Taufe des Kindes mit Überreichung der Taufkerze durch Florentine.

Lied zur Taufe
Gott gab uns Atem, damit wir leben (Lied 18 im Anhang)

Pfr.: So, jetzt haben wir ein Kind getauft und den Heiligen Geist an dieses Kind weitergegeben.

Florentine: Wie wär's, wenn wir diesen Geist jetzt noch an andere Menschen weitergeben, die heute nicht mit uns Gottesdienst feiern, an Traurige, an Kranke, an Hoffnungslose in aller Welt?

Pfr.: Wie soll denn das gehen?

Florentine: Ich sehe da hinten schöne Luftballons. Und hier habe ich viele, viele Tauben mitgebracht, lauter Zeichen für den Heiligen Geist.

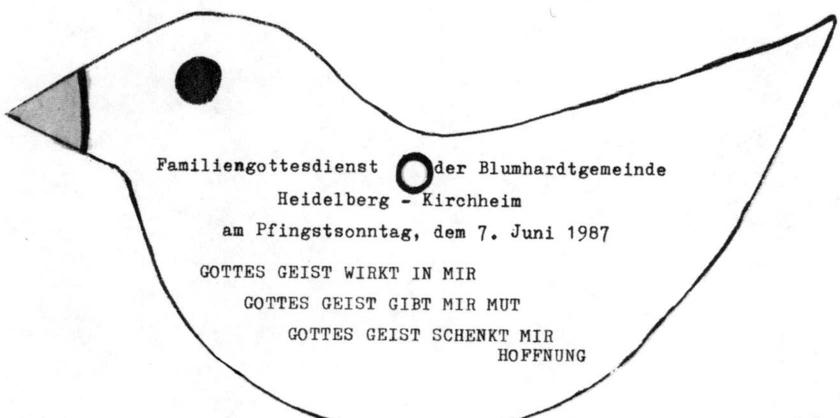

(Bei diesen Worten zeigt sie die von den Kindern aus weißem Karton ausgeschnittenen Tauben, die mit einer Botschaft des Gottesdienstes beschriftet sind.)

Pfr.: Und wir könnten diese Tauben nun an den Luftballons befestigen und zu anderen Menschen schicken, damit sie von Gottes Heiligem Geist angesteckt werden?

Florentine: Genau das. Und ich werde nun auch zu anderen Menschen fliegen, damit sie erfahren, was Heiliger Geist ist. (Ab)

Die Kinder verteilen Tauben und Filzstifte an alle GottesdienstbesucherInnen, alle schreiben ihre Namen auf die Tauben; Erwachsene verteilen Luftballons, die nach und nach steigen (bei einem Gottesdienst im Freien sofort, sonst nach Verlassen der Kirche), der Posaunenchor spielt dazu »Vogellieder«.

Fürbittgebet
Herr, wir danken dir für deinen lebenschaffenden Heiligen Geist. Wir vertrauen darauf, daß er uns zu einem Leben in Glaube und Liebe erwecken kann. Ermutige uns, kleine und große Schritte zu wagen – auf andere zu, die noch von uns getrennt sind, auf andere zu, die wir anstecken können mit deinem Geist.
Laß deinen Geist wirken in unserem Miteinanderleben, in den Ehen und Familien, an den Arbeitsplätzen, im Verhältnis der Generationen zueinander. Laß ihn wirksam werden, daß wir verständnisvoller miteinander umgehen.
Laß deinen Geist vor allem da wirken, wo Menschen sich lieber auf ihren eigenen Geist verlassen wollen: in der Politik, in der Wirtschaft, in der Forschung und in der Erziehung.
Wir erbitten deinen Geist für alle Christen in allen Kirchen und Konfessionen. Schenke Bereitschaft zum gemeinsamen Gespräch und Mut zum gemeinsamen Handeln – gerade auch mit denen, die anders denken als wir.

Vaterunser

Abkündigungen

Schlußlied
371 Geh aus, mein Herz

Segen

Frieden unter uns und in der Welt

Der hier dokumentierte Gottesdienst war als Gottesdienst im Grünen zum Pfingstfest konzipiert, er läßt sich aber auch als Gottesdienst zur Friedensdekade gestalten.

Lied
Gib uns Frieden jeden Tag

Votum

Spruch
Christus spricht: Solches habe ich mit euch geredet, daß ihr in mir Frieden habt. In der Welt habt ihr Angst, aber seid getrost, ich habe die Welt überwunden. Ehre sei dem Vater...

Teil 1: Wir bitten um Frieden

Eingangsgebet
Herr Gott, wohin wir schauen: Unfrieden.
Zu Hause klappt es nicht zwischen uns und unseren Eltern.
Sie können uns nicht verstehen, wir sind nicht bereit nachzugeben.
Darum bitten wir: Herr, erbarme dich.

Herr, erbarme dich (Kehrvers von P. Janssens)

In der Schule ist kein Frieden zwischen Schülern und Lehrern.
Auch untereinander, unter den Schülern, klappt es nicht.
Am Arbeitsplatz haben wir Ärger mit unserem Meister oder Chef.
Es fällt so schwer, friedlich miteinander auszukommen.
Darum bitten wir: Herr, erbarme dich.

Herr, erbarme dich

Wenn wir die Nachrichten hören, hören wir von Krieg.
Vom Krieg in Afghanistan.
Vom Bürgerkrieg in Iran.
Von der atomaren Kriegsgefahr zwischen Ost und West.
Angesichts dieser Kriege sind wir ratlos.
Darum bitten wir: Herr, erbarme dich.

Herr, erbarme dich

Herr, laß uns den Frieden üben untereinander.
Laß uns lernen, wie man friedlich miteinander umgeht.
Laß uns bereit sein, von dir zu lernen.
Darum bitten wir: Herr, erbarme dich.

Herr, erbarme dich

Teil 2: Wir träumen vom Frieden

Einleitung
Pfr.: Der Traum vom Frieden ist ein alter Menschheitstraum. Auf vielfältige Weise malte man sich aus, wie die Welt wohl aussähe, wenn einmal Frieden wäre. Einen solchen Traum vom Frieden hören wir nun aus dem 11. Kapitel des Jesajabuches:

Lesung von Jes 11, 1-9 (MitarbeiterIn)

Überleitung zum nachfolgenden Lied
Pfr.: Diesen Traum vom Frieden, vom Schalom Gottes, in den die ganze Schöpfung einbezogen ist, nehmen wir auf mit dem *Lied* »Schalom für Dorf und Stadt«, das wir nun miteinander singen (Lied 17 im Anhang).

Teil 3: Wir haben keinen Frieden

Einleitung
Pfr.: Wir haben um Frieden gebetet, wir haben von Frieden geträumt. Man bittet nur um etwas, das man nicht hat. Man träumt nur von dem, was noch nicht Wirklichkeit ist. Wir haben unter uns und in der Welt keinen Frieden, das spüren wir schmerzlich. Wir haben keinen Frieden, sondern was wir haben, das wird durch folgendes Gedicht treffend beschrieben:

»Spielzeug« (Wolf Biermann)

Mit der Eisenbahn lernen wir zur Oma fahren.
Das macht Spaß.
Mit der Puppe essen wir gerne unsere Suppe.
Das macht Spaß.
Mit dem Ball schmeißen wir Peters Bären um,
der ist dumm.
Mit den Muschikatzen lernt der Paul die Anne kratzen.
Das macht Spaß.
Mit dem Panzer lernen wir:
Wie man Eisenbahn,

Puppe, Suppe, Ball und Bär,
Muschikatzen und noch mehr,
Anne, Papa, Haus und Maus
einfach kaputt macht.

Überleitung zum nachfolgenden Lied

Pfr.: Von der Grausamkeit des Krieges sprach dieses Gedicht. Von der Sinnlosigkeit des Krieges handelt das nun folgende *Lied* von James Krüss »Krieg der Bienen und Hornissen« (Lied 19 im Anhang), das eine Jugendgruppe singt.

Teil 4: Frieden kann Wirklichkeit werden

Einleitung

Pfr.: Wenn uns Christen etwas vor allen Menschen auszeichnet, dann doch wohl dies: Daß wir nicht nur um Frieden bitten, nicht nur von Frieden träumen, nicht nur den Krieg beklagen, sondern zugleich auch wissen, daß Friede keine reine Utopie ist, sondern Wirklichkeit werden kann. Denn Christus ist unser Friede, wie der Verfasser des Epheserbriefes sagt:

Sprechmotette zu Eph 2,11-15 (Junge Erwachsene)

A: Früher seid ihr der Herkunft nach Heiden gewesen. Die »Unbeschnittenen« habt ihr geheißen bei den Juden, die sich selbst die »Beschnittenen« nannten. Damals ward ihr ohne Christus; ganz außerhalb der Gemeinde wohntet ihr als Fremdlinge, ohne Hoffnung, ohne Gott.

B: Ausgeschlossen sind wir. Weil wir anders sind als die anderen.
Wir haben eine andere Hautfarbe.
Wir sprechen eine andere Sprache.
Wir tragen lange Haare.
Wir haben andere Sitten.
Fremd fühlen wir uns, ausgeschlossen.
Feindselig starrt man uns an.
Wie giftige Pfeile, so sind die Blicke der anderen.
Das schmerzt.
Wir wagen kaum zu hoffen, daß dies einmal anders wird.

A: Jetzt aber, in Christus Jesus seid ihr, die Fernen, durch Christi Tod die Nahen geworden. Denn Christus ist unser Friede. Er hat Juden und Heiden zu einem Volk gemacht; er hat die Mauer der Feindschaft, die sie voneinander getrennt hat, niedergerissen. Durch die Hingabe seines Lebens hat er den Frieden gestiftet.

B: Jetzt gehören wir dazu – trotz unserer Hautfarbe
– trotz unserer Sprache
– trotz unserer langen Haare
– trotz unserer Sitten.

Da war einer, für den spielten diese Unterschiede keine Rolle.
Da war einer, der hat sich für alle eingesetzt – ohne Unterschied.
Auch für uns. Durch ihn wurden die feindseligen Blicke freundlich.
Durch ihn haben wir gefunden, worauf wir kaum zu hoffen wagten:
Frieden.

Überleitung
Pfr.: Christus ist unser Friede. Das haben viele Menschen in ihrem eigenen Leben selbst erfahren. Christus unser Friede – das darf kein leeres Wort bleiben, das muß erfahrbar werden. Doch wie?

»Frieden« (Eva Rechlin)

Die Angst vor Streit und Haß und Krieg
läßt viele oft nicht ruhn.
Doch wenn man Frieden haben will,
muß man ihn selber tun.

Der Frieden wächst, wie Rosen blühn,
so bunt, so schön und still.
Er fängt bei uns zuhause an,
bei jedem, der ihn will.

Vom Frieden reden, hilft nicht viel,
auch nicht, daß man marschiert.
Er kommt wie Lachen, Dank und Traum,
schon, wenn man ihn probiert.

Man braucht zum Frieden Liebe,
natürlich auch Verstand,
und wo es was zu heilen gibt:
jede Hand.

Teil 5: Wir probieren den Frieden

Einleitung
Pfr.: Der Frieden kommt, schon, wenn man ihn probiert. Das haben wir eben gehört in einem Gedicht. Das werden wir jetzt sehen in einem Anspiel; wir werden zeigen, wie kleine, praktische Schritte zum Frieden aussehen können. Wie es aussehen kann, wenn man den Frieden probiert.

Anspiel »Die anderen Kinder« (nach einer Erzählung von U. Wölfel, Die grauen und die grünen Felder, anrich-verlag, Kevelaer 1970, 1984, S. 5ff)

ErzählerIn: Unsere Geschichte spielt in einem Dorf, einem Dorf wie unserem. In einem Dorf, in dem moderne Neubauviertel um den alten Dorfkern herum errichtet wurden. Hier im alten Ortskern, in der Grabengasse, gab es sehr, sehr alte Häuser, Notunterkünfte, graue Steinbaracken mit flachen Wellblechdächern, bewohnt von Gastarbeitern und armen Familien. Die Hölderlinstraße dagegen war eine neue Straße. Hohe weiße Wohnblocks standen dort. Schöne Häuser mit großen Fenstern und sonnigen Balkons, und zwischen den Blocks gab es Grünanlagen mit Spielplätzen. Als die Leute dort einzogen, sagten die Eltern zu ihren Kindern:

Mutter aus der Hölderlinstraße: In der Grabengasse wohnt nur schlechtes Pack. Das sind Leute, die keine Miete bezahlen und nicht arbeiten. Mit denen wollen wir nichts zu tun haben. Spielt ja nicht mit den Kindern von der Grabengasse.

ErzählerIn: Und die Eltern in der Grabengasse sagten zu ihren Kindern:

Mutter aus der Grabengasse: Kümmert euch nicht um das hochmütige Volk in den neuen Häusern. Die denken doch nur, sie wären etwas Besseres als wir.

ErzählerIn: Als die Kinder aus der Hölderlinstraße einmal neugierig mit ihren Fahrrädern durch die Grabengasse fuhren, schrien die Grabengassenkinder hinter ihnen her:

1. *Kind Grabengasse:* Was wollt ihr hier? Ihr Hölderlinstraßenaffen?

2. *Kind Grabengasse:* Haut ab, sonst fliegt ihr gleich auf'n Arsch!

ErzählerIn: Und wenn einmal die Kinder aus der Grabengasse ins Neubauviertel hinausgingen, dann schrien die Kinder aus der Hölderlinstraße schon von weitem:

1. *Junge Hölderlinstraße:* Ihr habt hier nichts zu suchen! Grabengassenpack! Drecksäue!

2. *Junge Hölderlinstraße:* Ihr wollt nur unsere Sachen klauen. Macht, daß ihr wegkommt!

ErzählerIn: So war es zuerst, aber dies änderte sich bald. Das kam durch Karsten aus der Hölderlinstraße. Er hatte durch die Schule einen Freund kennengelernt – den Türkenjungen Tino aus der Grabengasse. Bei dem war er oft. Als Karsten eines Abends nicht nach Hause kam, machten sich seine Schwestern und zwei Jungen aus der Hölderlinstraße auf, um ihn zu suchen.

1. Mädchen Hölderlinstraße: In der Grabengasse wohnt doch ein Mann, der hat schon im Gefängnis gesessen! Wenn der dem Karsten jetzt was getan hat?

2. Mädchen Hölderlinstraße: Und Zigeuner wohnen in der Grabengasse. Manche Leute sagen: Zigeuner klauen kleine Kinder.

1. Junge Hölderlinstraße: Ausländer gibt es dort, Türken. Man weiß nicht, was das für Leute sind. Die reden ja nicht mal richtig Deutsch.

ErzählerIn: In der Grabengasse saß eine Zigeunerin auf einer Bank vor ihrem Haus. Als die Kinder aus der Hölderlinstraße dort vorbeikamen, fragten sie:

2. Junge Hölderlinstraße: Haben Sie so einen blonden Jungen mit Brille gesehen, er ist acht Jahre alt. Er wohnt draußen in der Hölderlinstraße, kommt aber öfter hierher zum Spielen. Er heißt Karsten.

Zigeunerin: Ach, der Karsten; ja, der ist mit seinem Freund Tino weggegangen. Tino und Karsten sind doch dicke Freunde.

Alle Kinder (entsetzt): Was?

Zigeunerin: Nun macht nicht so blöde Gesichter. Karsten und Tino sind zusammen mit anderen Kindern aus der Grabengasse bei den Türken. Alle Kinder sind eingeladen.

1. Mädchen Hölderlinstraße: Aber – Karsten wohnt doch gar nicht in der Grabengasse, der wohnt doch im Neubaugebiet. Versteht der sich denn überhaupt mit den Kindern aus der Grabengasse?

Zigeunerin: Sicher, gut sogar! Aber nun beeilt euch mal. Da vorn in dem Haus findet das Türkenfest statt. Ihr seid auch eingeladen.

2. Mädchen Hölderlinstraße: Da geh ich nicht mit – zu den Türken!

1. und 2. Junge Hölderlinstraße: O Klasse, wir gehn hin zum Türkenfest!

1. Mädchen Hölderlinstraße (nachdenklich): Warum reden eigentlich die Erwachsenen und Kinder bei uns im Neubauviertel so schlecht von den Leuten aus der Grabengasse? Die sind doch wirklich nett zu uns.

ErzählerIn: Als die Kinder zum Haus Grabengasse 10 kamen, stand eine Türkenfrau in der Tür und rief von weitem:

Türkenfrau: Herein! Herein! Alles herein! Viele Gäste, großes Fest!

ErzählerIn: Zögernd nur gingen die Kinder aus der Hölderlinstraße hinein zu den Leuten aus der Grabengasse. Doch drinnen begann bald ein fröhliches Feiern. Und dabei merkten alle: Die anderen sind ja gar nicht so, wie wir dachten. Mit denen kann man ja prima auskommen.

Überleitung
Pfr.: Was haben die Kinder gemacht? Sie haben ihre Vorurteile vergessen und sich auf die anderen eingelassen, auf Kinder, die ihnen bisher unbekannt, fremd waren. Damit haben sie Frieden probiert:

»Friede« (J. Reding)

»Bloß keinen Zank und keinen Streit!«
Das heißt auf englisch ganz einfach PEACE
und auf französisch PAIX
und auf russisch MIR
und auf hebräisch SCHALOM
und auf deutsch FRIEDE
oder: »Du, komm, laß uns zusammen spielen, zusammen sprechen,
zusammen singen, zusammen essen, zusammen trinken und zusammen leben,
damit wir leben.«

Überleitung zum nachfolgenden Lied
Pfr.: Wir bringen Frieden euch allen: Genau so haben die Kinder in unserem Spiel den Frieden geprobt. Diesen Frieden wollen sie nun nicht für sich behalten. Sie wollen uns mit hineinnehmen, uns den Frieden bringen, uns mit teilnehmen lassen beim Probieren des Friedens.

Lied
Wir bringen Frieden euch allen

Friedensspiel mit Blumen
Während des Liedes »Wir bringen Frieden euch allen« verteilen die Kinder an alle GottesdienstbesucherInnen weiße und blaue Blumen. Diese Blumen werden nun im Altarraum zu einer Friedenstaube zusammengelegt, deren Konturen auf dem Boden vorgezeichnet sind. Dieses »Friedensspiel mit Blumen« kann durch eine Jugendgruppe mit Friedensliedern oder durch einen Posaunenchor musikalisch begleitet werden.

Fürbittgebet

Vaterunser

Schlußlied

Segen

Die Vögel unterm Himmel

Lied
371,1-4.8 Geh aus, mein Herz

Votum

Spruch
Seht die Vögel unter dem Himmel an: Sie säen nicht, sie ernten nicht, sie sammeln nicht in die Scheunen; und euer himmlischer Vater ernährt sie doch. Seid ihr nicht viel mehr als sie?
Ehre sei dem Vater...

Gebet
Herr Gott, himmlischer Vater!
Wir sehen die Vögel unter dem Himmel, wie sie leben ohne Sorge um den nächsten Tag.
Du zeigst sie uns, damit wir von ihnen lernen.
Wir aber lassen uns verzehren von Sorge und Vorsorge,
unser Herz ist gefangen vom Planen und Berechnen,
von der Sorge um Sicherheit und Wohlergehen.
Wir sind nicht frei wie die Vögel unter dem Himmel,
wir sind Gefangene unserer Sorgen – gefangen wie Vögel in engen Käfigen.
Herr, befreie unser Herz von jeder ängstlichen Sorge,
laß uns lernen, daß nicht wir selbst uns Sicherheit schaffen können,
laß uns erfahren, wie du unser Leben in der Hand hältst.
Kyrie eleison...

Gnadenspruch
Hört, wie Jesus Christus uns tröstet, indem er spricht: Trachtet zuerst nach dem Reich Gottes und seiner Gerechtigkeit, so wird euch das alles zufallen.
Ehre sei Gott in der Höhe

Lobvers
Ein kleiner Spatz zur Erde fällt (Lied 20 im Anhang)

Schriftlesung: Mt 6,24-34

Lied
Die Vögel unterm Himmel (Lied 21 im Anhang)

Predigtteil »Die Vögel unterm Himmel«

Im Predigtteil wird versucht, am Beispiel der Lebensgeschichte eines Vogels Stationen eines Menschenlebens nachzuzeichnen und dies auf die konkrete Situation einer Gemeinde (Ende eines Kindergartenjahres, Einführung der neuen KonfirmandInnen) zu beziehen.

I. Bild – Orgel – Meditation: Die Geburt

Eine von den Erzieherinnen gemalte Folie, auf die ein Blatt Papier in Eiform gelegt ist, wird auf eine Leinwand projiziert: ein Ei in einem Nest.

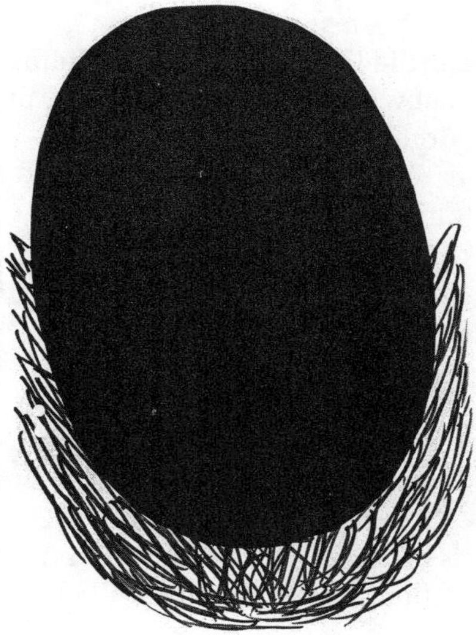

Dazu folgender *Text mit Orgelmusik*:
Ein Ei in einem Nest. Es wartet darauf, ausgebrütet zu werden. In seiner Schale reift Leben heran – wie im Leib einer Mutter. Zunächst noch unsichtbar, unhörbar, nicht zu spüren, dann deutlicher erkennbar.

(Orgelmusik geht weiter)

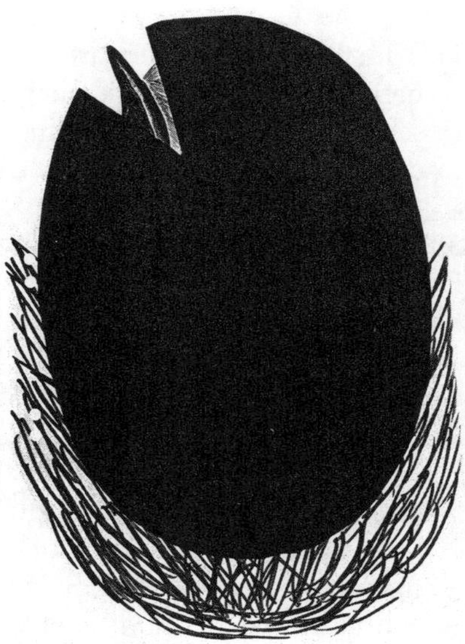

Die 2. Folie wird gezeigt: Ein zerspringendes Ei

Dazu folgender *Text mit Orgelmusik*:
Die schützende Schale beginnt zu zerspringen. Aus dunkler Hülle geht Leben hervor. Zaghaft noch, ängstlich fast. Geblendet vom Licht. Mit solchem Erschrecken beginnt das Leben.

(Orgelmusik geht weiter)

Die 3. Folie wird gezeigt: Ein Küken in der Eierschale

Dazu folgender *Text mit Orgelmusik*:
Nun ist es da: das neue Leben.
Aus dem Ei gekrochen, dem Leib der Mutter entbunden.
Noch ganz angewiesen auf die Wärme des Nestes,
auf die Geborgenheit des Heims,
angewiesen auf den Schutz und die Sorge der Eltern.

(Orgelmusik geht zuende)

II. Die Kindergartenzeit

Pfr.: Nicht immer bleibt dies so, daß unser Leben umsorgt wird von Eltern, beschützt ist in der Familie. Wir werden der Sorge anderer Menschen anvertraut, und dies geschieht meist mit Beginn der Kindergartenzeit. Eine Kindergartenmutter und eine Erzieherin werden sagen, was es ihnen bedeutet, das eigene Kind der Sorge anderer anzuvertrauen bzw. die Sorge für andere Kinder zu übernehmen:

Es folgt ein von einer Mutter und einer Erzieherin entwickelter *Dialog*.

Pfr.: Im Kindergarten erwartet die Kinder aber nicht nur die Sorge der Erzieherinnen, es erwartet sie auch die Nestwärme, die ihnen die anderen Kinder schenken, indem sie die Kleinen aufnehmen in ihre Gemeinschaft. Dies wollen die Kinder verdeutlichen mit dem Spiellied »Ich lade dich ganz herzlich ein«.

Spiellied
Die künftigen Erstkläßler bilden einen Kreis (mit einer Erzieherin) und singen das Spiellied »Ich lade dich ganz herzlich ein« (Lied 22 im Anhang) zweimal, die anderen Kindergartenkinder kommen hinein in diesen Kreis (mit einem Geschenk für die Erstkläßler in der Hand, s.u.).

Pfr.: Eines Tages aber sind die Kleinen groß. Sie entwachsen dem Kindergartenalter, sie werden flügge. Sie verlassen die Nestwärme des Kindergartens, um die Schule zu besuchen; wieder sind es andere Menschen, die nun für sie sorgen werden. Solch ein Abschied ist verbunden mit manchem Schmerz, aber auch mit viel Vorfreude. Unsere kleinen Kindergartenkinder überreichen nun den flügge gewordenen Großen ein kleines selbstgebasteltes Geschenk: einen aus Salzteig geformten Vogel in einem Nest.
Dazu *Lied* des Kinderchors: Flug der Vögel (Lied 23 im Anhang)

Pfr.: Nach den Sommerferien werden wieder kleine Kinder zu uns kommen, und auch sie werden die Nestwärme des Kindergartens brauchen. Sie werden nun von unseren Kindergartenkindern eingeladen mit dem *Lied* »Ich lade dich ganz herzlich ein«.

Spiellied
Die kleinen Kindergartenkinder bilden einen Kreis und laden mit ihrem Lied die »Neuen« ein, die während des Liedes nach vorn kommen können.

III. Die Konfirmandenzeit

Liebe Kinder und Eltern, liebe Konfirmandinnen und Konfirmanden!
»Sehet die Vögel unter dem Himmel!« Diese Worte hat Jesus mit Absicht so gesprochen. Mit der Absicht, daß wir von den Vögeln lernen, von den Vögeln und ihrer Sorglosigkeit. Wir haben eben nachvollzogen, wie unser Leben von Geburt an ein umsorgtes Leben ist, wie uns von Kind an Sorge um unser Leben abgenommen wird: von Eltern, von Paten, von Erziehern, von Lehrern und Lehrerinnen und von anderen. Wir haben aber auch nachvollzogen, wie wir als Eltern von Geburt an unsere Sorge um die Kinder mit anderen teilen, sie anderen anvertrauen. Mit dem Beginn der Konfirmandenzeit müssen Sie, liebe Eltern, nun wieder neu lernen, die Sorge um Ihre Kinder mit anderen zu teilen: mit der Gemeinde, der Sie die Konfirmandinnen und Konfirmanden in den kommenden Monaten anvertrauen, mit mir, dem Pfarrer, der Ihre Kinder unterrichten wird, mit dem Ältestenkreis, der die Verantwortung für den Konfirmandenunterricht trägt.
Andererseits müßt Ihr Konfirmandinnen und Konfirmanden in den kommenden Monaten lernen, daß Euch nun nicht mehr alle Sorgen abgenommen werden. Ihr werdet nun selbständige Christen, erwachsene Menschen. Heißt das aber nun, daß Euer bisher umsorgtes Leben sich nun wandeln muß in ein Leben voller Sorgen? Nein! »Seht die Vögel unter dem Himmel. Sie sorgen nicht, und Euer himmlischer Vater ernährt sie doch.« Liebe Konfirmandinnen und Konfirmanden, lernt in den kommenden Monaten von den Vögeln unter dem Himmel!
Wenn Ihr an Vögel denkt, dann träumt Ihr von Freiheit, von Weite, von unbegrenzter Weite. In dieser Weite, in Gottes herrlicher Weite, habt Ihr Platz – wie die Vögel. Wenn Ihr spürt, daß Eure Eltern eben nicht mehr für alles sorgen, wenn Sorgen Euch bedrücken und einengen, dann laßt Euch von Jesus herausrufen aus Eurer Enge, laßt Euch hineinrufen in die Weite Gottes, in den freien Raum der Liebe Gottes. Wo immer Ihr hingehen werdet auf Euren Lebenswegen, Gottes Liebe ist weiter. Wohin immer Eure Wege Euch führen, Gottes Liebe umgreift Euch. Aus ihr könnt Ihr nicht fallen – wie die Vögel. Die Vögel fliegen über Berge und Wasser, und so weit sie fliegen, so weit reicht Gottes Liebe. Darauf könnt Ihr Euch verlassen, wenn Ihr nun einen wichtigen Schritt hinein ins Leben der Erwachsenen macht. Darum: Lernt von den Vögeln des Himmels. Dann werdet Ihr spüren, wie Ihr gelassener werdet, weil Ihr merkt: Wir sind geborgen in Gottes Liebe. Amen.

Alle KonfirmandIinnen werden nun mit Namen aufgerufen und erhalten als Begrüßungsgeschenk »Mein Liederbuch für heute und morgen« (tvd-Verlag). Aus diesem Buch wird ihnen folgender Text vorgelesen:

Entdeck bei dir, entdeck bei mir den nächsten Schritt,
der weiterführt, den nächsten Schritt zum Leben.
Schenk der Hoffnung langen Atem.

Erquicke dich, erquicke mich mit einem Schritt,
der weiterführt, mit einem Schritt zum Leben.
Schenk der Liebe große Augen.

Komm stärke dich und stärke mich zum nächsten Schritt,
der weiterführt, dem nächsten Schritt zum Leben.
Schenk dem Hunger frische Nahrung.

Vertrau auf dich, vertrau auf mich beim nächsten Schritt,
der weiterführt, dem nächsten Schritt zum Leben.
Schenk dem Glauben starke Arme.

Lied
Meinem Gott gehört die Welt (Lied 24 im Anhang)

Fürbittgebet
Lieber Gott, wir bitten dich für unsere Kindergartenkinder, daß sie in unserem Kindergarten Wärme und Geborgenheit erfahren,
wir bitten dich für die Erstkläßler, daß sie in der Schule Lehrerinnen und Lehrern begegnen, die sich in sorgender Liebe ihrer annehmen.
Vater im Himmel, wir bitten dich für die neuen Konfirmandinnen und Konfirmanden, daß sie in dieser Gemeinde weitere Schritte zu einem selbständigen Leben im Glauben tun können,
wir bitten dich für die Eltern der Konfirmandinnen und Konfirmanden, daß sie es lernen, ihre Kinder loszulassen.
Herr, wir bitten dich für alle Menschen, denen die Sorge um ihr Leben die Freude am Leben raubt: Schenke ihnen allen die Gewißheit, daß du für uns sorgst wie ein Vater, zu dem wir voller Vertrauen beten können...

Vaterunser

Schlußlied
197,1.3.8 Du meine Seele, singe

Abkündigungen

Segen

Wachsen wie ein Baum

Am Eingang der Kirche/des Gemeindehauses werden an alle Gottesdienstbesucherlnnen grüne Blätter verteilt (aus grünem Tonpapier ausgeschnitten). Im Gottesdienstraum sind vorn rechts und links zwei Bäume aufgestellt. Die GottesdienstbesucherInnen schreiben ihren Namen jeweils auf ein Blatt und hängen ihr Blatt an die beiden Bäume, die auf diese Weise »ergrünen«.

Lied
371,1.2.13.14 Geh aus, mein Herz

Votum

Spruch
Gesegnet ist der Mensch, der sich auf den Herrn verläßt und dessen Zuversicht der Herr ist. Der ist wie ein Baum, am Wasser gepflanzt, der seine Wurzeln zum Bach hin streckt. Denn obgleich die Hitze kommt, fürchtet er sich doch nicht, sondern seine Blätter bleiben grün; und er sorgt sich nicht, wenn ein dürres Jahr kommt, sondern bringt ohne Aufhören Früchte.
Ehre sei dem Vater...

Gebet
Daß alles auf der Erde wächst, Gott, das kommt von dir.
Denn du willst, daß Leben auf der Erde sei.
Deshalb hast du sie ja geschaffen.
Du willst auch, daß die Bäume wachsen, die kleinen, zarten und die knorrigen, dicken, jeder Baum nach seiner Art.
Wir freuen uns über die Bäume und danken dir dafür.
So wie die Bäume wachsen, jeder nach seiner Art, so wachsen auch wir, jeder auf seine Art, jede auf ihre Art.
Wir werden größer und verständiger.
Und eines Tages sind wir erwachsen.
Wir danken dir, Herr, daß wir wachsen dürfen.
Hilf uns, daß wir gesund wachsen, daß wir alles bekommen,
was für unser Leben wirklich notwendig ist,
vor allem Liebe und Verständnis.
Kyrie eleison

Gnadenspruch
Jauchzet, ihr Himmel, denn der Herr hat's getan! Ihr Berge, frohlocket mit Jauchzen, der Wald und alle Bäume darin! Denn der Herr hat uns erlöst.

Lobvers
230,1-3 Ich singe dir

Schriftlesung: Jes 55,6-13

Kanon
Und die Bäume klatschen alle in die Hände (Lied 25 im Anhang)

Predigtteil

I. Das Wachsen der KonfirmandInnen oder
Das Wachsen der Gemeinde durch KonfirmandInnen

In diesem Gottesdienst werden die neuen KonfirmandInnen der Gemeinde vorgestellt. Sie werden mit Namen aufgerufen und erhalten (jeder und jede) eine kleine rote Frucht (aus Tonpapier ausgeschnitten), die mit ihrem Namen gekennzeichnet ist. Sie hängen diese roten Früchte an den rechten der zu Beginn des Gottesdienstes durch die anderen GottesdienstbesucherInnen »begrünten« Bäume: Der Baum der Gemeinde trägt Früchte.
Als grünes Blatt für ihr Leben erhalten alle KonfirmandInnen den in grünen Einband eingefaßten »Anhang 77« der Evangelischen Landeskirche in Baden.

Lied
Komm, bau ein Haus, das uns beschützt (Mein Liederbuch für heute und morgen, tvd-Verlag, Düsseldorf, Nr. B 83)

II. Dia-Meditation über Jer 17,7f

Die Vorbereitungsgruppe hatte verschiedene »Baum«-Bilder ausgewählt und dazu folgende Meditationstexte entwickelt, die das Wachsen eines Baumes als Metapher menschlichen Werdens und Lebens verdeutlichen. Die Meditationstexte sind sehr langsam zu sprechen; sie können gut mit Musik unterlegt werden.

Baum	**Mensch**
Wurzel	Körper
Stamm	Geist
Äste und Blätter	Sinne und Seele
Wachsen und Fruchtbringen	Wachsen und Fruchtbringen
Ruhe und Bewegung zugleich	Friede und Unfriede zugleich

Licht	**Wort**
Wir brauchen das Licht!	Wir brauchen das Wort!
Wir fühlen seine Wärme;	Wir fühlen seine Kraft;
es flutet in unsere Sinne;	es wirkt in unseren Taten.
unser Herz öffnet sich.	Unser Herz öffnet sich.

Licht
Wir brauchen das Licht!
Wir spüren seine Klarheit;
Klarheit, die uns sehen läßt.
Unsere Seele weitet sich.

Wasser
Wir brauchen das Wasser!
Wir fühlen seine Kühle.
Es strömt in unseren Gliedern,
wir können wachsen.

Wasser
Wir brauchen das Wasser!
Wir schmecken seine Reinheit.
Tief müssen wir gründen,
um zu den Quellen zu finden.

Baum
Wurzel
Stamm
Äste und Blätter
Wachsen und Fruchtbringen
Ruhe und Bewegung zugleich

Wort
Wir brauchen das Wort!
Wir merken seine Stärke;
Stärke, die uns hoffen läßt.
Unsere Seele weitet sich.

Gemeinde
Wir brauchen die Gemeinde!
Wir fühlen ihre Kraft.
Sie trägt uns in unsrer Schwachheit.
Sie läßt uns bestehen.

Gemeinde
Wir brauchen die Gemeinde!
Wir spüren ihre Gewißheit.
Wir müssen uns einbringen,
um lebendes Wasser zu sein.

Mensch
Körper
Geist
Sinne und Seele
Wachsen und Fruchtbringen
Friede und Unfriede zugleich

Baum und **Mensch**: Selig ist der Mensch, der sich auf den Herrn verläßt,
und dessen Zuversicht der Herr ist,
der ist wie ein Baum, am Wasser gepflanzt,
der seine Wurzeln zum Bach hin streckt.
Denn obgleich die Hitze kommt, fürchtet er sich doch nicht,
sondern seine Blätter bleiben grün;
und er sorgt sich nicht, wenn ein dürres Jahr kommt,
sondern bringt ohne Aufhören Früchte.

III. Unser Lebensbaum

Für alle GottesdienstbesucherInnen liegen rote Früchte (s.o.) und Filzstifte bereit: Jede(r) GottesdienstbesucherIn schreibt auf ein rotes Blatt, welche Früchte er/sie in seinem/ihrem Leben bringen, ernten will. Während dieser Aktion singt ein Chor:

Lied
Wo ein Mensch Vertrauen gibt (Lied 26 im Anhang)

Die im Gottesdienst vorgestellten KonfirmandInnen sammeln die beschrifteten Früchte ein und hängen sie an den linken Baum, der nun auch Früchte trägt. Zuvor werden einige »Frucht-Wünsche« vorgelesen.

Lied
Alle Knospen springen auf (Lied 27 im Anhang)

Fürbittgebet
Herr, unser Schöpfer, der du wachsen läßt und gedeihen.
Wir bitten Dich für unsere neuen Konfirmandinnen und Konfirmanden, daß sie hineinwachsen in diese Gemeinde, daß ihre Konfirmandenzeit fruchtbar sei.
Wir bitten dich für die Eltern, daß sie mit ihren Kindern wachsen und Früchte ihrer Erziehung ernten dürfen.
Wir bitten dich für unsere Gemeinde, daß sie wachse unter deinem Segen, daß sie in allem, was sie tut, Früchte des Friedens bringe.
Herr, wir bitten dich für die großen Krisengebiete unserer Welt, daß hier die Frucht der Verständigung und Versöhnung aufgehe.

Vaterunser

Lied
230,4-7 Ich singe dir

Abkündigungen

Segen
Es segne uns Gott, der Schöpfer.
Er schenke uns ein gesundes Wachstum.
Es segne uns Jesus, der Sohn.
Er schenke uns seine Liebe.
Es segne uns der Heilige Geist.
Er schenke uns Früchte des Glaubens. Amen.

Was bedeutet mir Arbeit?

Der Anstoß zu diesem Gottesdienst kam aus dem Ältestenkreis, der durch die gemeinsame Gestaltung eines Gottesdienstes den geistlichen Zusammenhang seiner eigenen Arbeit verdeutlichen und seine Leitungsverantwortung für die Gemeinde in einen Gottesdienst einbringen wollte. Die von den Ältesten selbst verfaßten und verantworteten Texte spiegeln die sozialen Gegebenheiten der Gemeinde wider: Landwirte kommen ebenso zu Wort wie technische und kaufmännische Angestellte und eine Hausfrau; das Problem der Arbeitslosigkeit konnte dagegen nur ungenügend angesprochen werden.

Lied
347,1-3.8 Lobet den Herren

Begrüßung und Votum
»Was bedeutet mir Arbeit?« so lautet das Thema des heutigen Gottesdienstes. Dieses Thema wäre mißverstanden, wenn man meinen würde, wir wollten damit vom Problem der Arbeitslosigkeit in unserem Land ablenken. In der Tat kommen Arbeitslose heute in diesem Gottesdienst nicht zu Wort, sondern Männer und Frauen, die Arbeit haben. Dies bedeutet jedoch gerade nicht, daß das Schicksal der Arbeitslosigkeit nicht in den Blick kommt, sondern durch das, was Älteste unserer Gemeinde über ihre Arbeit sagen, wird uns hoffentlich noch deutlicher als bisher, was Menschen vorenthalten wird, wenn sie nicht arbeiten können oder dürfen. Und so hoffen wir, daß unser Nachdenken über unsere Arbeit dazu führt, daß wir besser verstehen lernen, was Arbeitslosigkeit für Menschen in unserer Gesellschaft bedeutet. Und wir hoffen, daß wir durch diesen Gottesdienst gestärkt werden in dem Bemühen, Arbeit gerechter zu verteilen und menschlicher zu gestalten.
So beginnen wir im Namen des Vaters, des Sohnes und des Heiligen Geistes. Amen.

Spruch
So sah ich denn, daß nichts Besseres ist, als daß ein Mensch fröhlich sei in seiner Arbeit; denn das ist sein Teil. Ehre sei dem Vater...

Eingangsgebet
Herr, unser Gott, du hast die Arbeit geboten. Du willst, daß der Mensch sich durch seine eigene Arbeit ernähren kann.
Uns ist es möglich geworden, daß wir ohne Hunger und ohne materielle Not leben können. Aber nicht jeder ist mit seiner Arbeit glücklich. Viele leiden unter ihrer Arbeit. Andere vergessen sich darin.
Unsere Arbeitswelt ist durch die moderne Entwicklung und durch unser Versagen an vielen Stellen unmenschlich geworden. Viele haben gar keine Arbeit. An dieser Not sind wir mitschuldig.

Vergib uns, wo wir Menschen nur nach ihrer Arbeit beurteilen.
Vergib, wo wir abfällig herabschauen auf die Arbeitslosen.
Vergib, wo wir nur an unsere Arbeit denken und vergessen, daß wir alle Schwestern und Brüder sind, die füreinander Verantwortung tragen müssen.
Herr, erbarme dich.
Kyrie eleison.

Gnadenspruch
Hört, wie Gott unserer Arbeit Segen verheißt: Siehe, ich will einen neuen Himmel und eine neue Erde schaffen. Da werden meine Auserwählten das Werk ihrer Hände genießen. Sie sollen nicht umsonst arbeiten und keine Kinder für einen frühen Tod zeugen; denn sie sind das Geschlecht der Gesegneten des Herrn.

Lobvers

Kollektengebet

Schriftlesungen
Wir wollen verschiedene Texte der Bibel sprechen lassen, um verschiedene Aspekte der Arbeit von der Bibel her zu beleuchten. Zunächst rufen wir uns einen sehr zentralen Text der Bibel in Erinnerung, nämlich das 3. Gebot, in dem der Rhythmus von Arbeit und Ruhe als göttliche Ordnung bestimmt ist. Wir lesen im 20. Kapitel des 2. Mosebuches:
Gedenke des Sabbattages, daß du ihn heiligst! Sechs Tage sollst du arbeiten und alle deine Werke tun. Aber am siebenten Tag ist der Sabbat des Herrn, deines Gottes. Da sollst du keine Arbeit tun, auch nicht dein Sohn, deine Tochter, dein Knecht, deine Magd, dein Vieh, auch nicht dein Fremdling, der in deiner Stadt lebt. Denn in sechs Tagen hat der Herr Himmel und Erde gemacht und das Meer und alles, was darinnen ist, und ruhte am siebenten Tage. Darum segnete der Herr den Sabbattag und heiligte ihn.

Grundlegend für das biblische Verständnis von Arbeit ist der Zusammenhang von Arbeit und Segen: Der Erfolg der Arbeit ist uns Menschen nicht garantiert, sondern er ist ein Geschenk Gottes, darum heißt es im 127. Psalm:
Wenn der Herr nicht das Haus baut, so arbeiten umsonst, die daran bauen.
Wenn der Herr nicht die Stadt behütet, so wacht der Wächter umsonst.

Für viele Menschen geschieht Arbeit ausschließlich oder vorwiegend unter dem Gesichtspunkt, durch die Arbeit ein Einkommen zu erlangen und Besitz zu erwerben oder zu vergrößern. Für manche Menschen steht das ganze Leben unter dem Leitgedanken einer auf Einkommen ausgerichteten Arbeit. Hören wir dazu Jesu Gleichnis vom reichen Kornbauern, wie es im 12. Kapitel des Lukas-Evangeliums aufgezeichnet ist:
Es war ein reicher Mann, dessen Feld hatte gut getragen. Und er dachte bei sich selbst und sprach: Was soll ich tun? Ich habe nichts, wohin ich meine

Früchte sammle. Und sprach: Das will ich tun: Ich will meine Scheunen abbrechen und größere bauen und will darin sammeln all mein Korn und meine Vorräte und will sagen zu meiner Seele: Liebe Seele, du hast einen großen Vorrat für viele Jahre; habe nun Ruhe, iß, trink und habe guten Mut! Aber Gott sprach zu ihm: Du Narr! Diese Nacht wird man deine Seele von dir fordern; und wem wird dann gehören, was du angehäuft hast? So geht es dem, der sich Schätze sammelt und ist nicht reich bei Gott. (Lk 12,16-21)

Lied
385,1.2.5 In Gottes Namen fang ich an

Predigtteil

I. Vier persönliche Stellungnahmen von Kirchenältesten zum Thema »Was bedeutet mir Arbeit?« (nach jeder Stellungnahme *kurzes* Orgelzwischenspiel)

1. Für meine Familie und für mich als Arbeitnehmer sind ein Arbeitsplatz und der Lohn für geleistete Arbeit die Existenzgrundlage. Dies ist ein Faktor, den ich bei allem Wunschdenken berücksichtigen muß. Daß ich einen Arbeitsplatz habe, daß ich über die notwendige Gesundheit verfüge, hierfür bin ich unserem Schöpfer sehr dankbar. Für mich bedeutet »Arbeit« Verantwortung übernehmen; Verantwortung gegenüber Mitarbeitern, Maschinen, Einrichtungen und gegenüber unserer Natur; Verantwortung übernehmen für Entscheidungen, die ich getroffen habe. Arbeit bedeutet für mich auch, in einer mit der Zeit gewohnten Umgebung zu leben, kameradschaftliche Mitarbeiter zu haben, oft pünktlich Feierabend zu haben, am Wochenende Zeit zu haben für Familie und Hobby. Arbeit an meinem Arbeitsplatz bedeutet aber auch, mit Kompromissen zu leben; mit Mitarbeitern auszukommen, die eine ganz andere Lebensauffassung haben als ich; Fakten zu akzeptieren, die ich nicht abwenden kann. So habe ich kaum oder sehr wenig Einfluß bei Neueinrichtungen von Bildschirmarbeitsplätzen mit all ihrer Problematik. Auch kann ich nichts dagegen unternehmen, daß junge Leute, die gerade ihre Ausbildung beendet haben, nicht in den Arbeitsprozeß übernommen werden können. Oft ist es auch schwierig, sich mit der geleisteten Arbeit zu identifizieren. Ich konstruiere einen Teil einer großen Apparatur und kann das fertige Teil eventuell noch begutachten. Anschließend wird dieses von mir konstruierte Teil irgendwo in einem Großforschungslabor eingebaut und geht somit in der Masse unter.
Ein weiterer Aspekt von Arbeit ist meine Beschäftigung in der Freizeit. Eine meiner Lieblingsbeschäftigungen ist die Gartenarbeit. Bei dieser Tätigkeit finde ich oftmals den seelischen und körperlichen Ausgleich für meine berufliche Tätigkeit. Hierbei habe ich engen Kontakt zur Natur. Frühling, Sommer, Herbst und Winter kann ich hautnah miterleben und immer wieder neu entdecken. Arbeit und somit Verantwortung in kirchlichen und weltlichen Bereichen zu übernehmen, sehe ich außerdem als mein Lebensziel an. Man

kann und darf sich als Christ nicht vor Arbeit und damit vor Verantwortung verschließen.

2. Die tägliche Arbeit mit dem immer wiederkehrenden Arbeitspensum bildet die Existenzgrundlage für meine Familie und mich. Die Voraussetzungen für diese hoffentlich sichere Grundlage sind eine solide Ausbildung, eine bleibende, stabile Gesundheit, eine intakte Familie und ein anpassungsfähiger, wandelbarer Geist zur Bewältigung immer anspruchsvoller werdender Anforderungen. Des weiteren braucht man einen Kollegenkreis, mit dem man arbeiten, reden und Probleme ausdiskutieren kann, kurz, in dem man sich wohlfühlt. Doch dies ist nicht immer gegeben. Es gibt immer wieder Vorgesetzte und Mitarbeiter, die alles daransetzen, einem das ohnehin schwere Berufsleben noch schwerer zu machen. Sei es mit immer neuen Forderungen und Entscheidungen seitens der Vorgesetzten, sei es mit immer wiederkehrenden Sticheleien und hämischen Bemerkungen seitens der Mitarbeiter. Das schlimmste an solchen Machenschaften ist das Einschalten von »Dritten«, da solche Kollegen nicht den Mut zu einem offenen Wort aufbringen. Des weiteren beschleicht mich oft das Gefühl der Ohnmacht, zusehen zu müssen, wie durch die Einführung neuer Technologien Arbeitsplätze unwiderruflich vernichtet werden. Zwar werden durch diese Neuerungen Arbeitsplätze geschaffen, doch nicht in der Zahl der eingesparten Arbeitsplätze, und diese neuen Positionen auch nur für Spezialisten. Doch was wird aus denen, wenn diese Technik überholt und veraltet ist?
Die tägliche lange Abwesenheit von der Familie, das Hineintragen der Berufsprobleme und des erlebten Ärgers in die Familie benötigen ein harmonisches, intaktes Zuhause, um nicht an dem ständig wachsenden Druck im Beruf zu zerbrechen. Um diesen Belastungen standzuhalten, brauche ich auch eine sinnvolle Freizeitbeschäftigung. Einerseits die aktive Mitarbeit in unserer Gemeinde, andererseits die Freude am laienhaften Gestalten meines Gartens. Die Hege und Pflege der Pflanzen und Blumen, das aktive Miterleben der Jahreszeiten, das Erwachen, das Blühen und Reifen, das Vergehen, das kein endgültiger Abschied ist, sondern Grundlage für neues Leben. All dies trägt dazu bei, die Freude, die die Arbeit trotz aller Widrigkeiten mit sich bringt, zu bewahren und zu vertiefen.

Abschließend möchte ich das Wort ARBEIT für mich folgendermaßen buchstabieren:

A = Ausbildung und Lernbereitschaft in beruflichen und ehrenamtlichen Aufgaben, die zum Aufbau einer Existenz in beruflicher und familiärer Hinsicht führen.
R = Risiko auf sich zu nehmen, mit der eigenen Meinung neue Wege zu beschreiten.
B = Bereitschaft, das Erlernte und die erworbene Erfahrung an nachrückende Generationen weiterzugeben, um eine funktionierende Arbeitswelt und Sozialstruktur zu erhalten und zu fördern.

E = Erfolg und Niederlage liegen sehr eng beieinander. Nur eine festgefügte Familie und Umwelt hilft einem, in Extremsituationen die Übersicht zu behalten.

I = Innovation, Erneuerung und Fortschritt bringen oft Existenznot mit sich; dann ist es von Vorteil, wenn man auf eine fundierte Ausbildung zurückgreifen kann.

T = Treue in der freien Wirtschaft ist nicht mehr gefragt, es entscheidet nur die Leistung und das Durchsetzungsvermögen. Wer sich selbst, seiner Familie und seinem Umfeld untreu wird, zerbricht an diesem Leistungsdruck.

3. »Arbeiten Sie, oder sind Sie nur Hausfrau?« Diese Frage wirkt auf mich immer wieder provozierend. Aus dieser Frage spricht eigentlich ein großes Maß an Geringschätzung gegenüber der Berufstätigkeit als Hausfrau. Diese Geringschätzung wird heute auch von vielen Hausfrauen übernommen. Ich selber sehe mich in dieser Rolle anders. Ich bin von Beruf Hausfrau und nicht eine »Nur-Hausfrau«. Schließlich habe ich hier ein weites Arbeits- und Aufgabengebiet, das dem der übrigen arbeitenden Bevölkerung in nichts nachsteht. Als wichtig sehe ich es an, als beständiger Anlaufpunkt für die Familie da zu sein, um auf die Bedürfnisse eines jeden eingehen zu können. Einmal ist jemand in der Familie krank und braucht einen großen Teil meiner Kraft, ein andermal bin ich – und möchte es auch sein – die Stelle, wo man mit seinen Sorgen und Nöten hingehen kann und erwartet, daß da jemand für einen da ist. Dadurch wird mein Plan, den ich mir für meine notwendigen Hausarbeiten gemacht habe, oft über den Haufen geworfen. So ist es frustrierend, immer wieder einen Teil unerledigter Dinge vor sich her zu schieben. Oft ergeht es mir wie den meisten Leuten in anderen Berufen auch: Am Abend glaube ich, mit meiner Arbeit fertig zu sein, aber am nächsten Morgen wartet das tägliche Einerlei wieder auf mich.

Aber ich möchte jetzt nicht ins Jammern geraten. Meine Tätigkeit als Hausfrau gibt mir die Möglichkeit, mir meine Arbeit und meine Zeit weitgehend selber einzuteilen. Wer hat diese Chance schon im Berufsleben? Außerdem ist es mir möglich, mich für Aufgaben in der Gemeinde einzusetzen, die ich gerne tue. Ich habe auch für mich selbst noch genug Zeit und Muße, Dinge zu tun, die mich interessieren und die ich gerne tun möchte.

Insgesamt gesehen, bin ich mit meiner Arbeit in Familie und Haushalt zufrieden und habe es nie bereut, daß ich nach der Geburt meiner Kinder meinen früheren Beruf aufgegeben habe.

4. Ich will mit den Dingen beginnen, die wohl jedem von uns zuerst einfallen und jeden von uns beschäftigen. Da ist die Familie, die ernährt und deren materielle Bedürfnisse befriedigt werden sollen. Meinen Kindern will ich eine gute Ausbildung zukommen lassen und ihnen, wenn möglich, auch Bildungsreisen und Urlaub finanzieren. Insofern arbeite ich für meinen äußeren Wohlstand. Aber dieser kann nicht der einzige Grund für mein Wirken sein. Mein Beruf, der Beruf des Landwirts, birgt mehr. Er bestätigt mein Sein auf eine

ganz andere Art. Ich säe ein winziges Samenkorn. Es entwickelt sich im Laufe des Jahres unter meinen Augen und durch meine Pflege zu einer Pflanze, deren reife Frucht ich dann ernten darf. Aber nicht nur das Werden der Pflanzenwelt, auch das Gedeihen der Tiere, die tägliche Beobachtung und Pflege, beeindrucken mich immer wieder, wenn ich bedenke, daß die Tiere, die ich füttere, dafür Milch, Fleisch und Eier liefern und somit der Kreislauf des Pflanzenbaus, der Viehzucht und der Versorgung des Menschen geschlossen wird.

Ich versuche, auf dem Teil der Schöpfung, der mir anvertraut wurde, so zu wirtschaften, daß ich Tiere, Boden und Landschaft erhalte und auch meine Nachfolger fruchtbares Ackerland vorfinden werden. Ich darf den Wechsel der Jahreszeiten, den Drang der Natur nach immer neuem Leben, nach der Erhaltung der ungeheuren Vielfalt und Farbenpracht zusammen mit meinem Lebenspartner hautnah miterleben. Dies alles hilft mir über schwierige Zeiten in meinem Beruf hinweg, wenn mir die Arbeit einfach zuviel wird, wenn Hagelschlag, Trockenheit, Frost oder Absatzschwierigkeiten mich um den Lohn meiner Arbeit bringen. Auch wenn es mich manchmal Überwindung kostet, meinen Beruf auszuüben, bin ich doch dankbar, daß ich in unsrer von Gott anvertrauten Natur mit meiner Arbeit wirken darf und damit nicht nur mir und meiner Familie, sondern auch meinen Mitmenschen zu einer gesunden Ernährung verhelfen kann. Durch das überwiegend gute Verhältnis zu meiner Arbeit besteht jedoch auch die Gefahr, daß ich die Familie und die Mitmenschen oft vergesse und vernachlässige.

II. Ansprache des Pfarrers/der Pfarrerin

Liebe Gemeinde! Was uns Älteste unserer Gemeinde eben an eigenen Gedanken über ihre Arbeit vorgetragen haben, hat uns in der Vielfalt der Gedanken fast erschlagen. Ich will nur einiges Weniges herausgreifen, was mich besonders angesprochen hat:

1. Sehr deutlich habe ich herausgehört, wie verschiedenartig Begründungen für Arbeit sein können:

Man arbeitet, um Verantwortung zu übernehmen,
man arbeitet, um die Existenzgrundlage für sich und seine Familie zu schaffen und einen gewissen Wohlstand zu erlangen,
man arbeitet, um sich in einem sinnvollen Tun wiederzufinden,
man arbeitet, um Anerkennung zu finden.

In unserer Gesellschaft spielt sicherlich unter diesen Motiven für die Arbeit der Wohlstand eine besondere Rolle. Viele Menschen sehen ihre Arbeit – wie jener reiche Kornbauer im Gleichnis Jesu – nur als eine Möglichkeit zur Steigerung von Besitz und Wohlstand. Aber es wäre doch eine starke Verkürzung, würde man Arbeit nur im Zusammenhang mit Wohlstandsdenken sehen. Bei der Arbeit geht es meist doch auch um Verantwortung, um Erfahrung von Sinn oder Sinnlosigkeit, um Anerkennung und Identität. So verstehen wir vielleicht besser, was es für einen Menschen in unserer Gesellschaft bedeutet, arbeitslos zu sein: Er hat nicht nur keinen Anteil am Wohlstand, ihm werden auch wichtige Möglichkeiten persönlicher Anerkennung vorenthalten, und er besitzt nur eingeschränkte Möglichkeiten, Verantwortung zu übernehmen.

2. Bei den Gedanken unserer Kirchenältesten wurde mir bewußt, daß wir unter Arbeit meist nur die berufsmäßig ausgeübte Arbeit verstehen. Ehrenamtliche Tätigkeit – auch in der Kirche – und die Tätigkeit der Hausfrau werden von uns kaum als Arbeit gewertet und anerkannt. »Meine Frau arbeitet nicht.« Dieser dahingesprochene Satz eines berufstätigen Ehemannes offenbart mehr als Gedankenlosigkeit, er beweist, daß Arbeit meist nur dann etwas zählt, wenn sie auch finanziell etwas bringt, und daß in unserer Gesellschaft nur der etwas zählt, der bezahlte Arbeit leistet. Mit diesem Denken aber wird der Druck, sich durch berufliche Tätigkeit Anerkennung zu verschaffen, verstärkt. Gerade wir Christen, die wir davon wissen, daß Gott uns unabhängig von unserer Leistung liebt, sollten diesem Denken entgegentreten, das den Wert der Person weitgehend nach der im Beruf geleisteten Arbeit bestimmt. Allerdings kann dies nun nicht heißen: Frauen, zurück an die Kochtöpfe! Sondern ich verstehe es eher als Appell an die Männer, sich selbst auch von einem Denken zu befreien, das den Wert des Menschen an der im Beruf erbrachten Leistung mißt.

3. Großen Raum in den Gedanken unserer Kirchenältesten nahm der Themenkomplex »Arbeit und Freizeit« ein. Für viele Menschen, die unter den Bedingungen ihres Arbeitsplatzes leiden, bekommt die Freizeit einen immer höheren Stellenwert: Die Natur wird zum Ort, an dem sie Kräfte schöpfen für die Arbeit, Gemeinschaften unterschiedlicher Art bieten Abwechslung vom Arbeitsalltag. Die meisten Freizeitangebote allerdings – besonders Fernsehen und Video – haben die Aufgabe, durch lähmenden Konsum jeden Willen zur Verbesserung der Bedingungen am Arbeitsplatz zu ersticken. Die Kirche hätte hier eine besondere Aufgabe: Sie könnte und müßte der Ort sein, an dem die Ruhe des Sabbats auf andere Weise erlebt werden kann: im Gottesdienst, im Teilen, im Gestalten eines menschlichen Miteinanders. Diese kirchliche Sabbatruhe dürfte dann nicht die Aufgabe haben, die Menschen lediglich dafür zuzubereiten, die Bedingungen ihrer Arbeit besser zu ertragen: Nein: Kirchlicher Sabbat muß sich von den tödlich lähmenden Freizeitangeboten unterscheiden. Im kirchlichen Sabbat kann und soll das Geschehen des Alltags vor Gott bedacht und die Möglichkeit einer besseren, menschlicheren Gestaltung unseres Zusammenlebens praktiziert werden. Gerade indem Kirche den Sabbat nicht als einen Tag lähmenden Konsums feiert, sondern als einen Tag lebendigen Teilens gestaltet, kann sie ein Gegengewicht gegen und hoffentlich auch ein Modell für unsere Arbeitswelt darstellen.

4. Was mich an den Gedanken unserer Kirchenältesten besonders nachdenklich gestimmt hat, ist die Tatsache, wie unterschiedlich Arbeit erfahren wird: Dort sind die wenigen, die sich voll und ganz mit ihrer Arbeit identifizieren, die Freude an ihrer Arbeit verspüren, die ihre Arbeit als sinnvoll begreifen können und die erleben, wie menschliche Arbeit ohne den Segen Gottes nicht gedeiht. Da sind die vielen, die ihre Arbeit nur als notwendiges Übel zur

Sicherung der Existenz ansehen, die kaputtgehen unter den Belastungen ihres Arbeitsplatzes, die machtlos miterleben, wie Arbeitsplätze wegrationalisiert werden, die darunter leiden, daß sie unnütze oder schädliche Produkte produzieren müssen. Und alle – die mit ihrer Arbeit Zufriedenen und die unter ihrer Arbeit Leidenden – stehen ratlos vor der Frage: Was können wir für jene tun, die unter ihrer Arbeit leiden, und für jene, die keine Arbeit haben? Auch wir können in diesem Gottesdienst aus dieser Ratlosigkeit nicht befreien, aber eines ist sicher: Als Kirche Jesu Christi, die lebt von der Hoffnung auf Gottes Reich der Gerechtigkeit, dürfen wir uns nicht einfach raushalten und lediglich die Opfer der Arbeitswelt karitativ versorgen. Nein: Wir müssen – ausgehend von unserer Vision des Reiches Gottes – mithelfen, durch eine menschlichere Gestaltung der Arbeitswelt und durch eine gerechtere Verteilung der Arbeit die Opfer zu verringern. Dabei muß die Kirche sicherlich gemeinsam mit den Gewerkschaften für bessere Bedingungen in der industriellen Arbeitswelt kämpfen, und sie muß für eine neue Solidarität zwischen Arbeithabenden und Arbeitslosen werben: So wie wir in der Kirche beim Abendmahl Brot und Kelch teilen, so wie wir lernen müssen, die Güter der Erde gerecht zwischen arm und reich zu teilen, so müssen wir auch lernen, die Arbeit, die immer weniger wird, miteinander zu teilen. Die Vision des Reiches Gottes kann uns Kraft geben, das Teilen der Arbeit zu üben: Kirchliche Arbeitsbeschaffungsprogramme, Sonderfonds für die Schaffung neuer Arbeitsplätze gibt es bereits, und jeder von uns, der Geld verdient, kann dazu seinen Beitrag leisten. Wichtiger aber wird es sein, daß wir selbst bereit werden, von unserer Arbeit und unserem Einkommen abzugeben, damit andere leben können. Wie solches Teilen der Arbeit konkret aussehen wird, ist im Augenblick noch nicht zu sagen, sicher ist nur, daß wir ohne die Bereitschaft zum Teilen das Problem der Arbeitslosigkeit nicht lösen können. Zum Teilen aber macht uns jener Jesus Christus Mut, der im Abendmahl Brot und Kelch mit uns teilt. Amen.

Fürbittgebet
Herr, unser Gott, wir sind dankbar für unsere Arbeit. Wir sind dankbar dafür, daß wir in diesem Gottesdienst einmal darüber nachdenken können, was uns unsere Arbeit bedeutet.
Wir denken an die Arbeitslosen, an die vielen sozialen, menschlichen, familiären Probleme, die für sie entstehen: wir wissen, wie sehr wir selbst unsere Arbeit und unsere Aufgaben brauchen, um einen Sinn in unserem Leben zu sehen. Wir möchten, daß die nicht an ihrem Wert zweifeln, die keine Arbeit haben.
Wir bitten für die, die durch Maschinen und Automaten ihren Arbeitsplatz verlieren, und für alle, die einem immer stärkeren Streß ausgesetzt werden.
Uns bedrückt die Zukunft der Jugendlichen, die keine Lehrstelle bekommen und keine Arbeit haben: Gib uns Ideen, wie wir sie in unsere Gesellschaft eingliedern können, damit sie sich nicht daran gewöhnen, nichts zu tun. Wir denken auch an die Schüler, die oft unter dem Prestigedenken ihrer Eltern leiden und dadurch kaum noch freie Zeit haben.

Uns beunruhigt, daß in unserer Gesellschaft die Arbeit, die Freizeit und auch der Verdienst so ungleich verteilt sind: Herr, gib uns ein starkes Gerechtigkeitsempfinden und die Bereitschaft zum Verzicht, damit es nicht den einen gutgeht und den anderen schlecht.
Herr, gib uns die Kraft, dazu beizutragen, daß es menschlich an unseren Arbeitsplätzen zugeht, und daß wir es schaffen, unsere freie Zeit sinnvoll zu gestalten.
Amen.

Der Gottesdienst wird mit einem Abendmahlslied und der Abendmahlsfeier fortgesetzt.

Schlußlied
36,12.13.16.17 Nun wolle Gott (auf die Melodie EKG 126)

Abkündigungen

Segen

V. Gottesdienste zum Erntedankfest

Fünf Brote und zwei Fische: Das Wunder des Teilens

Dieser Gottesdienst wurde mit Erzieherinnen des Kindergartens, mit dem Kindergottesdienst und mit einem Kinderchor vorbereitet. Zentrales Medium dieses Gottesdienstes war die Darstellung des Speisungswunders auf dem Misereor-Hungertuch aus Äthiopien. Es wurde im Altarraum aufgehängt; ein Bildausschnitt in Postkartengröße (erhältlich bei der Misereor-Vertriebsgesellschaft m.b.H, Mozartstr. 9, 5100 Aachen) wurde an alle GottesdienstbesucherInnen verteilt.

Posaunenvorspiel mit Einzug der Kinder (Kinder stellen ihre Erntekörbchen auf den Altar)

Lied
230,1.3.4.7.8 Ich singe dir

Votum

Gemeinsam gesprochener *Psalm*: Ps 100

Dankgebet eines Kindergottesdienstkindes

Lieber Gott, wir danken dir für alles, was du uns gegeben hast:
Danke für unser tägliches Brot.
Danke, daß wir eine Wohnung haben, wo wir zu Hause sind.
Danke, daß unsere Eltern Arbeit haben und Geld verdienen können,
so daß es uns an nichts fehlt.

Kehrvers der Gemeinde: Alle gute Gabe (aus: »Wir pflügen und wir streuen«)

Dankgebet eines Kindergottesdienstkindes

Lieber Gott, wir danken dir für unsere Gesundheit,
wir danken dir für gute Freunde, die uns in der Not helfen
und mit denen wir fröhliche Stunden verleben.
Wir danken dir, daß du uns immer wieder aus Unglück und Not
herausführst und daß wir uns jeden Tag über etwas freuen können.

Kehrvers der Gemeinde: Alle gute Gabe

Predigtteil »Das Wunder des Teilens«

I. Andreas erzählt (nach Mk 6,30-44; Joh 6,1-13)

Also gestern habe ich etwas ganz Tolles erlebt, das muß ich Euch unbedingt erzählen. Aber halt, erst will ich mich vorstellen: Ich bin Andreas, einer von den Freunden von Jesus. Gestern wollten wir eigentlich allein sein mit Jesus. Darum sind wir früh mit einem Boot über den See gefahren. Dort gingen wir auf einen einsamen Berg und setzten uns mit Jesus ins Gras. Endlich hatten wir Jesus einmal für uns allein. Aber dann kamen plötzlich die Leute. »Jesus!« riefen sie und strömten den Berg herauf. Immer mehr wurden es. Sie hatten Jesus gesucht und gefunden. Auch Kinder und Kranke hatten sie mitgebracht. Sie wollten Jesus hören. Er sollte die Kranken gesund machen und die Traurigen trösten.
Als Jesus aufstand, wurde die Menge still. Sie setzten sich und hörten Jesus zu. Ich erinnere mich noch genau: »Ihr seid alle eingeladen!« sagte er. »Gott will ein großes Fest feiern. Essen und Trinken wird da sein für jeden. Wir werden spielen und fröhlich sein. Keiner soll traurig bleiben. Keiner soll ohne Freunde bleiben. Gott lädt Euch alle ein, klein und groß, alt und jung, krank und gesund. Jeder ist zu Gottes Fest eingeladen.« Da habe ich wohl etwas ungläubig geguckt: alle Menschen zu einem Fest eingeladen? Wie soll das gehen? Wie soll da Essen und Trinken ausreichen? Jesus hat das gemerkt und sagte zu mir: »Du hast richtig gehört, Andreas. Alle sind eingeladen!« Und laut sagte er, so daß es jeder hören konnte: »Ihr seid alle eingeladen. Aber bevor das Fest beginnen kann, müßt Ihr Euch ändern.« Da sah Jesus den Jonathan, einen kleinen Jungen, der hatte sich direkt vor unsere Füße gesetzt und hörte ganz gespannt zu. Jesus nahm ihn auf den Arm, so daß alle ihn sehen konnten, und sprach weiter: »Ihr müßt wieder wie dieses Kind werden. Dann kann Gottes Fest beginnen.« Die Leute runzelten die Stirn: »Was meint er? Was ist an dem Kind Besonderes?« Auch ich verstand es nicht. Aber später habe ich es verstanden. Paßt auf, wie es weiterging.
Zunächst mußte Jesus viele Kranke heilen, so daß er gar nicht merkte, wie die Zeit verging. Es wurde Abend. Ich wurde unruhig. So viele Leute. Über fünftausend. Männer, Frauen und Kinder. Sie alle hatten den ganzen Tag nichts gegessen, und bis zum nächsten Dorf war es weit. »Jesus, es wird Abend. Laß sie gehen, daß sie sich zu essen besorgen«, habe ich dann gesagt. Jesus drehte sich zu uns um und sagte: »Gebt Ihr ihnen zu essen!« »Wie soll das gehen? Für so viele Brot kaufen kostet über 200 Mark. Soviel haben wir nicht. Jeder muß für sich selbst sorgen.« »Frag doch, was sie dabeihaben!« antwortete Jesus. Also stand ich auf: »Hört mal alle her! Es wird Abend, und wir haben alle Hunger. Wer hat etwas zu essen dabei?« Keiner rührte sich. Jeder schaute zu Boden. Ob niemand etwas dabeihatte? »Wir müssen sie wegschicken«, sagte ich gerade, da zupfte mich jemand von hinten am Mantel. Jonathan. Er hatte fünf Brote und zwei Fische. »Hier«, sagte er und lachte. Da stand Jesus auf: »Der kleine Jonathan hat uns seine Brote und Fische gebracht«, sagte er. Dann betete er und dankte Gott für das Essen. »Nun laßt

uns eilen und essen.« Die Leute waren ganz still geworden. Sie schämten sich sehr. Ein kleiner Junge hatte als einziger geteilt. Plötzlich sprang jemand auf: »Ich habe auch etwas dabei!« und brachte es nach vorn. Und noch einer. Es wurden immer mehr. Jeder brachte, was er hatte, und wir haben es verteilt. Dann wurde gegessen. Alle wurden satt, auch die Armen, die nichts dabeihatten. Es war ein fröhliches Festessen. Und es blieb sogar noch viel übrig. Die Leute gingen erst sehr spät nach Hause. Es war schon dunkel. Wir waren alle fröhlich und satt. Auf dem Heimweg ging ich neben Jesus. »Jetzt habe ich es verstanden«, sagte ich. »Gott will, daß wir wie Jonathan werden.« Jesus nickte: »Ja, wenn Ihr von Jonathan lernen wollt, dann ist es Zeit für Gottes großes Fest.«

II. Der kleine Jonathan

Kinderchor und Gemeinde singen gemeinsam, erst ein-, dann zweistimmig (Lied 29 im Anhang)

III. Meditation zum Bild des Hungertuches

Hören wir noch ein wenig weiter in diese Geschichte hinein.
Betrachten wir das Bild, das vor uns liegt.
Sehen wir die Menschen, die Hunger haben.
Mit großen hoffnungsvollen Augen schauen sie auf Jesus.

Sehen wir die Jünger, wie sie ratlos einander anstarren.
Sehen wir den kleinen Jonathan, wie er voller Eifer seine fünf Brote und die zwei Fische zu Jesus bringt – ohne Angst, es könnte nicht reichen.
Wo ist unser Platz in dieser Geschichte?
Wo bin ich? Wo finde ich mich?

Auf der Seite der ratlosen Jünger, die den Hunger der Menge fast körperlich spüren, die Ausschau halten, wie dieser Hunger gestillt werden kann?
Sehe ich wie die Jünger den Mangel an Nahrung in der Welt?
Sehe ich die fünf kümmerlichen Brote und die zwei kleinen Fische, die nirgends hinreichen werden?
Sehe ich den fehlenden Reis, den Mangel an Weizen?
Sehe ich die 5000 mal 5000 unterernährten Kinder in der Welt?
Sehe ich dies und halte ich das aus?
Und Jesus ist nicht da, die Hungernden zu speisen, wie damals am See Tiberias!
Die Evangelisten erzählen, daß er zu den ratlosen Jüngern gesagt hat: Gebt ihr ihnen zu essen!
Ist das mein Auftrag heute? Der Auftrag Jesu?
Höre ich die Stimmen? »Die sollen erst mal arbeiten wie wir! Die sollen erst mal ihre heiligen Kühe schlachten! Wir haben auch genug Not!«
Sehe ich auch den Überfluß: Die Weizenberge, die Butterhalden, die Milchschwemme?
Erzeugt mit Soja- und Erdnußkraftfutter, das wir den reichen Händlern in den Entwicklungsländern abkaufen, während die Armen dort hungern.
Packt mich die Angst – die Angst, was werden soll, wenn alles so weitergeht?
Packt mich die Angst und Sorge der Jünger, der Kleinglaube, der Jesus nichts zutraut?

Sehne ich mich nach der Gelassenheit Jesu, der ruhig bleibt,
der nicht schaut auf das, was fehlt?
Der alle sich setzen ließ zu einem großen Mahl,
der nimmt, was da ist, und dankt und austeilt.
Und siehe da: Es reicht!
Es reicht für alle!
Hoffnung, Jesus schafft Hoffnung für diese Welt.
Er lehrt uns sehen, was da ist, lehrt danken und teilen.
Das Wohl der Menschen ist ihm nicht gleichgültig.
Er macht uns Mut.
Noch ist diese Erde reich. Hat Nahrung für alle,
hat Rohstoffe für alle, hat Energie für alle.
Viel Brot ist da – Brot mitten in der Wüste – rettende Speise für alle.
Gefüllt bis an den Rand sind die Körbe und Teller dieser Erde.
Und schon kann das Wunder vom Teilen beginnen,
das Wunder vom Geben und Nehmen, vom Nehmen und Geben,
das Wunder der Liebe.

Viel Brot ist da.
Jeder kann bekommen, was er braucht, keiner muß hungern.
Aus den erwartungsvollen Blicken, aus den Augen der Hoffnung können Augen der Freude werden.
Wir müssen nur nachsehen, was da ist,
danken für den Reichtum und teilen und bewahren – bedingungslos.
Dann können wir das Fest feiern:
das Fest der Gemeinschaft, das Fest des Teilens,
das Fest der Hoffnung, des Mutes, des Dankens,
der Liebe Jesu, der das Brot des Lebens ist.
Sie wurden alle satt!

IV. Fünf Brote und zwei Fische (Lied 30 im Anhang)

V. Teilen üben

Kinder des Kindergartens verteilen kleine selbstgebackene Brote an alle GottesdienstbesucherInnen. Die Brote werden geteilt und gegessen.

VI. Konsequenzen ziehen

1. Alle GottesdienstbesucherInnen werden aufgefordert, die Postkarte mit dem Bild von der Speisung der 5000 an jemanden zu schicken, sich ihm mitzuteilen, mit ihm Freude zu teilen.

2. Verlesen wird ein Abschnitt aus einem Brief aus Taizé: Wenn das Volk Gottes zur Gestaltung der Zukunft beitragen will, hat es eine Möglichkeit, die nur ihm offensteht: verstreut über die ganze Erde kann es in der Menschheitsfamilie ein Gleichnis des Miteinanderteilens setzen. Dieses Gleichnis wird genügend Kraft enthalten, sich auszubreiten... Zuerst geht es um die materiellen Güter, wenn das Gleichnis des Miteinanderteilens verwirklicht werden soll... Teile alles, was du hast, du wirst darin Freiheit finden. Es ist nicht möglich, seinen Lebensstandard innerhalb eines Tages zu ändern. Familien, Kirchengemeinschaften und die Verantwortlichen in der Kirche sollten innerhalb von sieben Jahren schrittweise alles, was nicht unbedingt erforderlich ist, aufgeben, angefangen bei Ausgaben aus Prestigebedürfnis... Das Miteinanderteilen wird dich auch dazu führen, deine eigenen Wohnverhältnisse zu ändern. Mache deine Wohnräume zu einem Ort, an dem andere willkommen sind, zu einem Haus des Friedens und des gegenseitigen Verzeihens... Das Geheimnis des Miteinanderteilens bezieht sich auch auf deine Arbeit. Wenn es dir bei deiner Arbeit nur auf Karriere, Konkurrenz, hohes Gehalt und die Erfüllung deiner Konsumerwartungen ankommt, bist du nahe daran, andere auszubeuten oder selbst

ausgebeutet zu werden. Arbeite, um das Lebensnotwendige zu verdienen, niemals um Geld anzuhäufen... Wenn du dich von allem trennst, was du nicht unbedingt brauchst, wenn du nur der Gemeinschaft und dem Teilen aller Menschen untereinander dienen möchtest, beteiligst du dich am Heilungsprozeß der verwundeten Menschheitsfamilie, dann wirst du zum Träger der Hoffnung, die kein Ende kennt.

3. Die Gemeinde bringt ihr Opfer für die Hungernden der Welt zum Altar. Während dieses Opferganges, der bei einer vollbesetzten Kirche bis zu 15 Minuten dauern kann, spielt der Posaunenchor.

Lied
Brich mit dem Hungrigen dein Brot (Mein Liederbuch für heute und morgen, tvd-Verlag Düsseldorf, Nr. B 96)

Fürbittgebet

Vaterunser

Abkündigungen

Segen

Wachsen – Reifen – Frucht bringen
Gottesdienst nach der Lima-Liturgie am Vorabend zum Erntedankfest

Die im Jahr 1982 entwickelte Liturgie von Lima stellt für evangelische Gemeinden eine besondere Herausforderung dar, denn in ihr werden einerseits protestantischen Ohren ungewohnte liturgische Aussagen zugemutet, andererseits kann eine evangelische Gemeinde diese Liturgie in ihrer Fülle als eine ungeheure Bereicherung erleben. Voraussetzung für eine gelingende Feier der Lima-Liturgie ist zum einen eine gründliche Vorbereitung der das liturgische Geschehen tragenden Instrumentalgruppen (Klavier/Orgel, Flöten, Geigen, Cello), zum anderen eine Einbettung dieser Liturgie in einen Gesamtrahmen, der dazu beiträgt, Kommunikation und Liturgie miteinander zu verbinden. Grundlage des vorliegenden Ablaufs eines »Lima-Gottesdienstes« war die Ausgabe zur Sechsten Vollversammlung des Ökumenischen Rates der Kirchen, Vancouver 1983 (hg. vom ÖRK, 150 route de Ferney, CH-1211 Geneva 20).

I. Eintreffen, Begegnen, Feiern

Der Abend beginnt mit einem Essen in einfacher Form (Brot, Käse, Obst, Gemüse, Saft), das etwa eine Stunde dauert. An dieses Abendessen schließt sich als »Einstimmung« folgende Tanz-Meditation an, bei der sich alle TeilnehmerInnen – begleitet von einer Flötenmusik (zum Beispiel H.-J. Hufeisen, »Air« von Telemann oder »Kanon« von Pachelbel) – nach den Impulsen des gesprochenen Textes bewegen.

Ich schreite durch einen Raum.
Ich durchmesse ihn mit meinen Schritten.
Ich habe Raum zum Gehen,
Raum zum Schreiten,
Raum zum Laufen.

Die Weite des Raumes tut gut: Ich kann mich frei bewegen.
Nichts scheint mich zu hindern.
Nichts scheint mich einzuengen.
Nichts scheint meinen Schritt zu begrenzen.

In der Weite des Raumes stoße ich an Grenzen,
an Ränder,
an Begrenzungen,
an Mauern.

Sie zwingen mich, meine Richtung zu ändern.
Sie zwingen mich zur Begrenzung.
Sie grenzen mich ein.
Sie hindern meine Entfaltungsmöglichkeiten.

Mein Raum: ein weiter Raum und doch ein begrenzter Raum,
begrenzt durch Mauern,
begrenzt durch Menschen, die diesen Raum mit mir teilen.

Ich bleibe stehen und betrachte den Raum.
Ich betrachte die Menschen, die ihn mit mir teilen.
Ich spüre den Boden, auf dem ich stehe:
diesen weiten Boden, der doch so begrenzt ist,
begrenzt durch Mauern,
begrenzt durch Bauwerke und Zäune,
begrenzt durch Flüsse und Gebirge,
begrenzt durch Straßen, die ihn zerteilen.

Begrenzter Raum.
Begrenzter Boden.
Begrenzter Platz zum Leben.

Ich ahne, wie kostbar der begrenzte Raum zum Leben ist.
Ich ahne, wie wertvoll der begrenzte Boden unter meinen Füßen ist.
Ich spüre, daß ich auf diesem Boden stehe.
Ich fühle, daß dieser wertvolle und begrenzte Boden mich trägt.
Ich ahne, daß dieser Boden mehr ist als ein Boden:
Grund unter meinen Füßen,
Grundlage meines Seins,
Urgrund, aus dem Leben hervorgeht.

Und ich spüre, daß ich den Raum über diesem Boden brauche,
um mich zu bewegen,
um zu leben,
um zu atmen,
um zu wachsen, bis ich an Grenzen stoße.

Raum zum Leben – den brauche ich.
Boden unter den Füßen – er trägt mich.

Die TeilnehmerInnen gehen nach dem Ausklingen der Musik still in den Gottesdienstraum, der inzwischen mit Kerzen erleuchtet ist, und nehmen dort Platz. Vor Beginn des Gottesdienstes werden die liturgischen Gesänge angesungen und geübt.

II. Der Gottesdienst

1. Eingangsliturgie

Lied des Gemeindechors

Begrüßung
Im Namen des Vaters, des Sohnes und des Heiligen Geistes. Amen.
Die Gnade unseres Herrn Jesus Christus und die Liebe Gottes und die Gemeinschaft des Heiligen Geistes sei mit Euch allen.

Und mit Deinem Geiste.

Sündenbekenntnis
Barmherziger Gott, wir bekennen, daß wir in Sünde gefangen sind und uns nicht selbst befreien können. Wir haben gegen dich gesündigt in Gedanken, Worten und Werken durch das, was wir getan, und durch das, was wir unterlassen haben. Wir haben dich nicht von ganzem Herzen geliebt, wir haben unseren Nächsten nicht wie uns selbst geliebt. Um deines Sohnes Jesu Christi willen, erbarme dich unser. Vergib uns, erneuere uns und leite uns, daß wir Freude haben an deinem Willen und auf deinen Wegen gehen, zur Ehre deines heiligen Namens. Amen.

Absolution
Der allmächtige Gott hat seinen Sohn Jesus Christus für uns in den Tod gegeben und vergibt uns um Christi willen alle unsere Sünden.

Kyrie-Litanei
Daß wir befähigt werden, die Einheit des Geistes zu wahren durch den Frieden, der uns zusammenhält, und gemeinsam zu bekennen: ein Leib und ein Geist; ein Herr, ein Glaube, eine Taufe, laßt uns den Herrn anrufen:

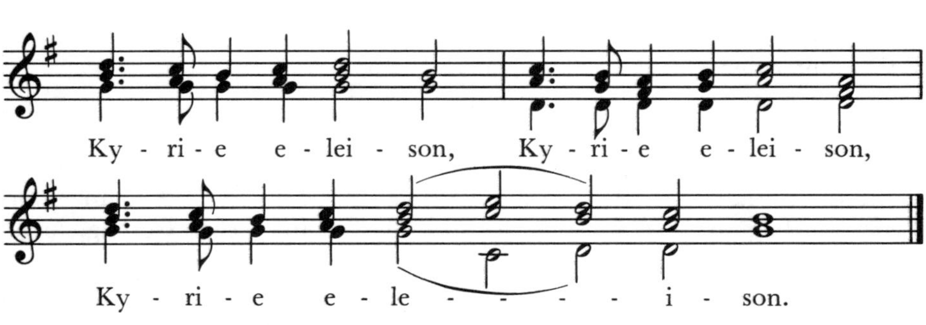

Daß wir bald die sichtbare Gemeinschaft im Leib Christi erlangen und am selben Tisch das Brot brechen und den Kelch segnen, laßt uns den Herrn anrufen:

Kyrie eleison

Daß wir, versöhnt mit Gott durch Christus, befähigt werden, die Ämter gegenseitig anzuerkennen und vereint zu sein im Dienst der Versöhnung, laßt uns den Herrn anrufen:

Kyrie eleison

Gloria
Ehre sei Gott in der Höhe
und Friede auf Erden den Menschen seiner Gnade.
Wir loben dich, wir preisen dich, wir beten dich an,
wir rühmen dich und danken dir.
Denn groß ist deine Herrlichkeit:
Herr und Gott, König des Himmels,
Gott und Vater, Herrscher über das All.

Musik: J. Berthier. © Les Presses de Taizé. Deutsche Rechte: Christophorus-Verlag, Freiburg i. Br.

Herr, eingeborener Sohn, Jesus Christus,
Herr und Gott, Lamm Gottes, Sohn des Vaters:
Du nimmst hinweg die Sünde der Welt:
erbarme dich unser;
Du nimmst hinweg die Sünde der Welt:
nimm an unser Gebet;
Du sitzest zur Rechten des Vaters:
erbarme dich unser.

Gloria in excelsis Deo! Alleluia!

Denn du allein bist der Heilige,
du allein der Herr, du allein der Höchste:
Jesus Christus, mit dem Heiligen Geist,
zur Ehre Gottes des Vaters. Amen.

Gloria in excelsis Deo! Alleluia!

2. *Wortgottesdienst*

Kollektengebet
Laßt uns beten:
Herr, unser Gott,
du hast alle geistigen und vernünftigen Mächte ins Leben gerufen,
damit sie deinem Willen gehorchen.
Wir bitten dich,
nimm unsere Lieder an, die wir im Einklang mit all deinen Geschöpfen zu deiner Ehre singen.
Beschenke uns mit der überschwenglichen Gnade deiner Wohltaten,
denn alle Kreatur im Himmel, auf Erden und unter der Erde neigt sich vor dir,
und alle Kreatur singt von deinem unaussprechlichen Ruhm.
Du bist der einzig wahre und barmherzige Gott,
und alle Mächte des Himmels preisen dich;
wir rühmen dich, Vater, Sohn und Heiliger Geist, jetzt und von Ewigkeit zu Ewigkeit.
Amen.

Alttestamentliche Lesung: 5. Mose 8,10-18
Präfamen: Aus dem Alten Testament hören wir, daß die Erde, auf der wir leben und von der wir ernten, daß diese Erde uns von Gott anvertraut ist:
Wenn du gegessen hast und satt bist, sollst du den Herrn, deinen Gott, loben für das gute Land, das er dir gegeben hat. So hüte dich nun davor, den Herrn, deinen Gott, zu vergessen, so daß du seine Gebote und seine Gesetze und Rechte, die ich dir heute gebiete, nicht hältst. Wenn du nun gegessen hast und satt bist und schöne Häuser erbaust und darin wohnst und deine Rinder und Schafe und Silber und Gold und alles, was du hast, sich mehrt, dann hüte dich, daß dein Herz sich nicht überhebt und du den Herrn, deinen Gott, vergißt, der dich aus Ägyptenland geführt hat, aus der Knechtschaft und dich geleitet hat durch die große und furchtbare Wüste, wo feurige Schlangen und Skorpione und lauter Dürre und kein Wasser war, und ließ dir Wasser aus dem harten Felsen hervorgehen und speiste dich mit Manna. Du könntest sonst sagen in deinem Herzen: Meine Kräfte und meiner Hände Stärke haben mir diesen Reichtum erworben. Sondern gedenke an den Herrn, deinen Gott; denn er ist's, der dir Kräfte gibt, Reichtum zu gewinnen, auf daß er hielte seinen Bund, den er deinen Vätern geschworen hat.

Gesang

Geistliches Volksgut

Alttestamentliche Lesung: 2. Mose 23,10.11; 3. Mose 25,23
Präfamen: Aus dem Alten Testament hören wir, daß Gott uns das Land anvertraut hat, damit wir es schonen und bewahren, daß wir es pflegen als ein uns anvertrautes Gut:
Sechs Jahre sollst du dein Land besäen und seine Früchte einsammeln. Aber im siebenten Jahr sollst du es ruhen und liegen lassen, daß die Armen unter deinem Volk davon essen; und was übrig bleibt, mag das Wild auf dem Felde fressen. Ebenso sollst du es halten mit deinem Weinberg und deinen Ölbäumen. Auch sollt ihr das Land nicht verkaufen für immer; denn das Land ist mein, spricht der Herr, und ihr seid Fremdlinge und Beisassen bei mir.

Gesang: Agios o theos

Neutestamentliche Lesung: Lk 13,6-9
Präfamen: Aus dem Neuen Testament hören wir, wie Gott uns in seiner Gnade eine Frist läßt, damit wir umkehren von der Mißhandlung der uns anvertrauten Erde, damit wir die Zeit nutzen, umzukehren von der Entheiligung der Erde. Wir hören ein Gleichnis Jesu:
Es hatte einer einen Feigenbaum, der war gepflanzt in seinem Weinberg, und er kam und suchte Frucht darauf und fand keine. Da sprach er zu dem Weingärtner: Siehe, ich bin nun drei Jahre lang gekommen und habe Frucht gesucht an diesem Feigenbaum, und finde keine. So hau ihn ab! Was nimmt er dem Boden die Kraft? Er aber antwortete und sprach zu ihm: Herr, laß ihn noch dies Jahr, bis ich um ihn grabe und ihn dünge; vielleicht bringt er doch noch Frucht; wenn aber nicht, so hau ihn ab.

Gesang

Neutestamentliche Lesung: Eph 5,8-17 i.A.
Präfamen: Aus dem Neuen Testament hören wir, wie wir die uns verbleibende Zeit nutzen können, um als Kinder des Lichts der Erde Frucht zu bringen: Früher ward ihr Finsternis, nun aber seid ihr Licht in dem Herrn. Lebt als Kinder des Lichtes; die Frucht des Lichts ist lauter Güte und Gerechtigkeit und Wahrheit. Prüft, was dem Herrn wohlgefällig ist, und habt nicht Gemeinschaft mit den unfruchtbaren Werken der Finsternis; deckt sie vielmehr auf. Wach auf, der du schläfst, und steh auf von den Toten, so wird dich Christus erleuchten. So seht nun sorgfältig darauf, wie ihr euer Leben führt, nicht als Unweise, sondern als Weise, und kauft die Zeit aus, denn es ist böse Zeit. Darum werdet nicht unverständig, sondern versteht, was der Wille des Herrn ist.

Gesang: Halleluja

Predigtteil: Dia-Meditation »Wachsen – Reifen – Frucht bringen«

Die ersten beiden Dias entstammen der Reihe »Licht leuchtet auf und durchflutet die Welt« aus dem Kawohl-Verlag; es können aber auch ähnliche Dias über die Medienstellen bezogen werden. Das Dia »Rose und Stacheldraht« ist der Diareihe »Zur Hoffnung berufen« des Nürnberger Kirchentages 1979 entnommen.

1. Bild: Fröhliches Kind auf einer Wiese – »Wachsen«

Ein Kind – mit einem lachenden Gesicht
Ein Kind – voller Lebensfreude
Ein Mensch – im Frühling seines Lebens
Ein blühender Mensch
Einst eine winzige Frucht im Leibe der Mutter – entstanden aus dem Einssein zweier Menschen
Einst ein kleines Wesen – angewiesen auf jede Hilfe seiner Eltern
Nun ein heranwachsender Mensch – ein Mensch im Frühling seines Lebens
Wachsen wird dieses Kind
  sich entwickeln
  sich verändern
  in geheimnisvoller Weise sich selbst finden
  unverwechselbar
  einmalig
Wachsen wird dieses Kind – in eine ungewisse Zukunft
  wird es sein Lachen verlieren?
  wird es sich seine Lebensfreude bewahren können?
  wird es etwas zu lachen haben?
Wachsen wird dieses Kind – und wir mit ihm
  als seine Begleiter
  als Erwachsene und doch weiter Wachsende
Wachsen wird dieses Kind unter der Zusage Gottes: Fürchte dich nicht, denn ich habe dich erlöst, ich habe dich bei deinem Namen gerufen, du bist mein!

2. Bild: Reife Himbeeren – »Reifen«

Im Wachsen geschieht Veränderung, reift Neues heran
Die Blüte stirbt ab, damit die reife Frucht entstehen kann
Reifen ist ein Prozeß, oft ein langer Prozeß
  oft ein Prozeß voller Störungen:
  Kaltes Wetter stört das Reifen der Frucht
  umklammernde, unfrei machende Liebe stört das Reifen der Kinder
  Ablenkung stört das Reifen einer Arbeit
  gedankenloses Dahinleben stört das Reifen im Glauben
  das Festhalten an »militärischer Sicherheit« stört das Reifen des Friedens
Und doch reift Neues heran – trotz aller Störungen:
  reife Früchte des Feldes
  reife Menschen
  reife Leistungen
  reife Früchte des Glaubens
  eine Welt, die reif ist für den Frieden

Neues reift heran:
  Schönes
  Erfrischendes
  Kraft Schenkendes
  Augen und Sinne Erfreuendes
Zeichen der Herrschaft Gottes in dieser Welt.
Jesus sprach zu ihnen ein Gleichnis: Mit dem Reich Gottes ist es so, wie wenn jemand Samen aufs Land wirft und schläft und aufsteht, Nacht für Nacht und Tag für Tag; und der Same geht auf und wächst – er weiß aber nicht, wie.

3. *Bild:* Rose und Stacheldraht – »Frucht bringen«

Ein Weiser mit Namen Choni ging einmal über Land und sah einen Mann, der einen Johannisbrotbaum pflanzte. Er blieb bei ihm stehen und sah ihm zu und fragte: »Wann wird das Bäumchen wohl Früchte tragen?« Der Mann erwiderte: »In siebzig Jahren.« Da sprach der Weise: »Du Tor! Denkst du in siebzig Jahren noch zu leben und die Früchte deiner Arbeit zu genießen? Pflanze lieber einen Baum, der früher Früchte trägt, daß du dich ihrer erfreust in deinem Leben.« Der Mann aber hatte sein Werk vollendet und sah freudig darauf, und er antwortete: »Rabbi, als ich zur Welt kam, da fand ich Johannisbrotbäume und aß von ihnen, ohne daß ich sie gepflanzt hatte, denn das hatten meine Väter getan. Habe ich nun genossen, wo ich nicht gearbeitet habe, so will ich einen Baum pflanzen für meine Kinder oder Enkel, daß sie davon genießen. Wir Menschen mögen nur bestehen, wenn einer dem anderen die Hand reicht.«
Wir ernten die Früchte anderer Menschen vor uns
Unsere Kinder werden leben von unseren Früchten
Was säen wir?
Was werden sie ernten?
Nicht alles Tun zeigt schnelle Frucht
Und nicht jede Blüte bringt Frucht
Manches Bemühen bleibt fruchtlos
Dagegen bringt manch unscheinbare Blüte eine wunderbare, schöne Frucht hervor:
  Haß wurde gesät, Liebe geerntet
  Feindschaft wurde gesät, Frieden erblühte
Das Wunder der Frucht, das Wunder des Reiches Gottes
Das Wunder des blühenden Stacheldrahtes
Dies Wunder kann Wirklichkeit werden unter uns, in uns, durch uns
Dies Wunder kann Wirklichkeit werden, denn Christus hat unter uns den Samen gelegt. Er sagt: Siehe, das Reich Gottes ist mitten unter euch

Stille

Lied
Strahlen brechen viele (Lied 28 im Anhang)

Glaubensbekenntnis von Nizäa-Konstantinopel (Wortlaut von 381)

Fürbitten
Nach jeder Bitte antwortet die Gemeinde mit dem Kyrie-Gesang (s.o.)

Im Glauben laßt uns beten zu Gott, unserem Vater,
und zu Jesus Christus, seinem Sohn,
und zum Heiligen Geist.

Für die eine Kirche Gottes in der ganzen Welt
laßt uns bitten um den Geist Gottes
und die Vielfalt seiner Gaben.

Kyrie eleison

Für die Regierenden in den Völkern,
daß sie Gerechtigkeit und Frieden
aufrichten und schützen,
laßt uns bitten um die Weisheit Gottes.

Für alle, die Unterdrückung oder Gewalt erleiden,
laßt uns bitten um die Macht Christi, des Befreiers.

Kyrie eleison

Freie Fürbitten

Kyrie eleison

Laß uns, Christus, den verborgenen Vorurteilen und Ängsten begegnen,
die unsere Gebete verleugnen und verraten.
Ermögliche es uns, die Ursachen des Streites zu erkennen;
nimm weg von uns alle falsche Überlegenheit.
Lehre uns, in Eintracht mit allen Kindern Gottes zu wachsen.
In deine Hände, o Herr, befehlen wir alle, für die wir beten,
im Vertrauen auf deine Barmherzigkeit;
durch Jesus Christus, deinen Sohn, unseren Herrn.

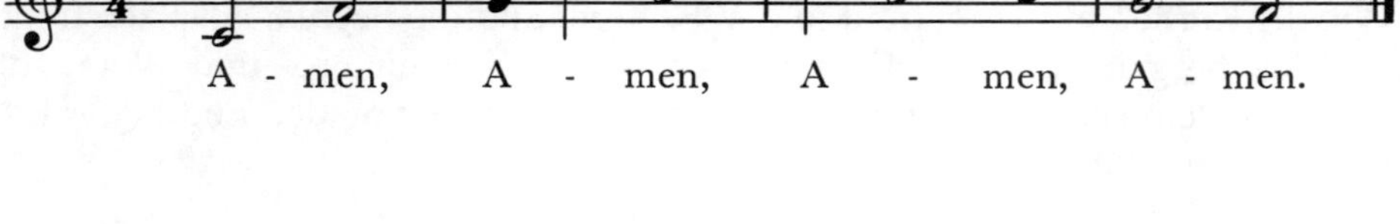

Abendmahlsfeier

Prozession

Der Abendmahlstisch wird gedeckt mit Brot, Traubensaft, Kerzen und Blumen, dazu der Gesang:

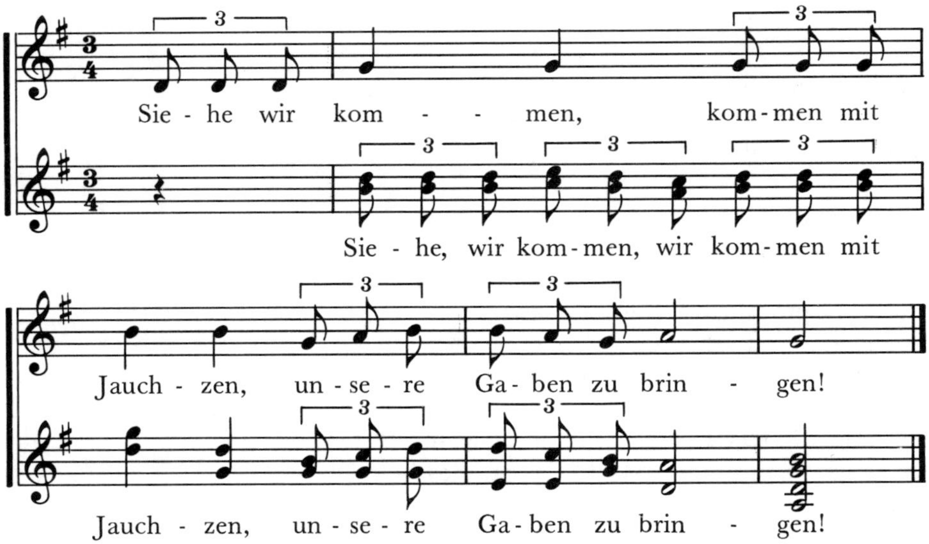

Vorbereitung

Gepriesen seist du, Herr, unser Gott, Schöpfer der Welt. Du schenkst uns das Brot, die Frucht der Erde und der menschlichen Arbeit: Laß es zum Brot des Lebens werden.

Siehe, wir kommen

Gepriesen seist du, Herr, unser Gott, Schöpfer der Welt. Du schenkst uns den Wein, die Frucht des Weinstocks und der menschlichen Arbeit: Laß ihn zum Wein des ewigen Reiches werden.

Siehe, wir kommen

Wie die Körner, einst verstreut in den Feldern, und die Beeren, einst zerstreut auf den Bergen, jetzt auf diesem Tisch vereint sind in Brot und Wein, so, Herr, laß deine ganze Kirche bald versammelt werden von den Enden der Erde in deinem Reich.

Dialog
Der Herr sei mit Euch.
Und mit Deinem Geiste.
Erhebt Eure Herzen.
Wir erheben sie zum Herrn.
Laßt uns Dank sagen dem Herrn, unserem Gott.
Das ist würdig und recht.

Präfation
Wahrhaft recht und gut ist es, dich, Herr, heiliger Vater, allmächtiger, ewiger Gott, zu preisen und dir immer und überall zu danken. Durch dein lebendiges Wort hast du alles erschaffen und für gut befunden.
Du hast die Menschen nach deinem Bilde geschaffen, daß sie an deinem Leben teilhaben und deine Herrlichkeit widerspiegeln.
Als die Zeit erfüllt war, gabst du uns Christus als das Leben der Welt.
Er empfing die Taufe und wurde eingesetzt zu deinem Diener, den Armen das Evangelium zu verkünden.
Bei seinem letzten Mahl gab uns Christus die Eucharistie als sein Vermächtnis, die Feier, in der wir seines Todes und seiner Auferstehung gedenken und seine Gegenwart als das Brot des Lebens empfangen.
Darum, Herr, verkünden und singen wir mit allen Engeln und Heiligen das Lob deiner Herrlichkeit:

Sanctusgesang aus Taizé (s.S. 64)

Epiklese
Herr, unser Gott, Schöpfer der Welt, du bist heilig, und dein Ruhm ist ohne Grenzen. Sende herab auf unsere Eucharistie den lebenspendenden Geist, der durch Mose und die Propheten gesprochen hat, der die Jungfrau Maria mit Gnade überschattete, der auf Jesus am Jordan herabkam und auf die Apostel am Pfingsttag. Laß das Ausgießen dieses feurigen Geistes unser Mahl der Danksagung so verwandeln, daß dieses Brot und dieser Wein für uns zum Leib und Blut Christi werden. Erfülle uns und alle Welt mit deinem Geist.

Einsetzung
Laß diesen Schöpfergeist die Worte deines geliebten Sohnes erfüllen, der in der Nacht, in der er ausgeliefert wurde, Brot nahm, das Dankgebet sprach, das Brot brach, es seinen Jüngern reichte und sagte:
Nehmt und eßt alle davon: Das ist mein Leib, der für euch hingegeben wird. Tut dies zu meinem Gedächtnis.

Ebenso nahm er nach dem Mahl den Kelch, sprach das Dankgebet, reichte ihn seinen Jüngern und sagte: Nehmt und trinkt alle daraus. Dieser Kelch ist der Neue Bund in meinem Blut, das für euch und für viele vergossen wird zur Vergebung der Sünden. Tut dies, so oft ihr daraus trinkt, zu meinem Gedächtnis.

Groß ist das Geheimnis des Glaubens.

Deinen Tod, o Herr, verkünden wir,
deine Auferstehung preisen wir,
bist du kommst in Herrlichkeit.

Kanon: Wir preisen deinen Tod (Text und Melodie s. S. 65)

Gedenkbitten
Leite uns zu dem Freudenmahl,
das für alle Menschen bereitet ist in deiner Gegenwart,
mit der Jungfrau Maria,
mit den Patriarchen und Propheten,
den Aposteln und Märtyrern
und mit allen Heiligen,
die von deiner Freundschaft lebten.
Mit ihnen allen singen wir dir Lob
und erwarten das herrliche Kommen deines Reiches,
wo wir mit der ganzen Schöpfung,
endlich erlöst von Sünde und Tod,
dich verherrlichen werden durch Christus, unseren Herrn.

Gesang aus Taizé, z.B. Laudate omnes gentes (s. S. 27)

Abschluß
Durch Christus, mit Christus, in Christus
gebührt dir, Gott, allmächtiger Vater,
in der Einheit des Heiligen Geistes,
alle Herrlichkeit und Ehre
jetzt und in Ewigkeit.

Gebet des Herrn
Geeint durch die eine Taufe in demselben Heiligen Geist und in dem einen Leib Christi, beten wir als Gottes Söhne und Töchter: Vater unser im Himmel…

Friedensgruß
Der Herr hat zu seinen Jüngern gesagt: Frieden hinterlasse ich euch, meinen Frieden gebe ich euch.
Deshalb bitten wir: Herr Jesus Christus, schau nicht auf unsre Sünden, sondern schenke uns diesen Frieden.

Der Friede des Herrn sei allezeit mit Euch.
Und mit Deinem Geiste.

Laßt uns einander ein Zeichen der Versöhnung und des Friedens geben.

Brechen des Brotes
Das Brot, das wir brechen, ist Teilhabe am Leib Christi; der Kelch des Segens, über dem wir den Segen sprechen, ist Teilhabe am Blut Christi.

Gesang
Christe, du Lamm Gottes

Austeilung
Während der Austeilung werden Gesänge aus Taizé gesungen

Dankgebet
In Frieden laßt uns zum Herrn beten: Wir sagen dir Dank, gnädiger Gott, für die Schönheit der Erde und des Meeres; für den Reichtum der Berge, Ebenen und Flüsse; für das Singen der Vögel und die Lieblichkeit der Blumen.
Für alle diese guten Gaben preisen wir dich und bitten, daß wir sie schützen mögen für die, die nach uns kommen.
Hilf uns, daß wir wachsen im Dank für deine reiche Schöpfung und in unserer Freude an ihr.
Und da wir jetzt von dem Festmahl gekostet haben, das du für uns bereitet hast in der kommenden Welt, laß uns alle dereinst am Erbe der Heiligen teilhaben und leben in deiner himmlischen Stadt, durch Jesus Christus, deinen Sohn, unseren Herrn, der mit dir lebt und regiert in der Einheit des Heiligen Geistes, ein Gott, von Ewigkeit zu Ewigkeit.

Schlußlied des Gemeindechors

Segen
Der Herr segne dich und behüte dich; der Herr lasse sein Angesicht leuchten über dir und sei dir gnädig; der Herr hebe sein Angesicht über dich und gebe dir Frieden.

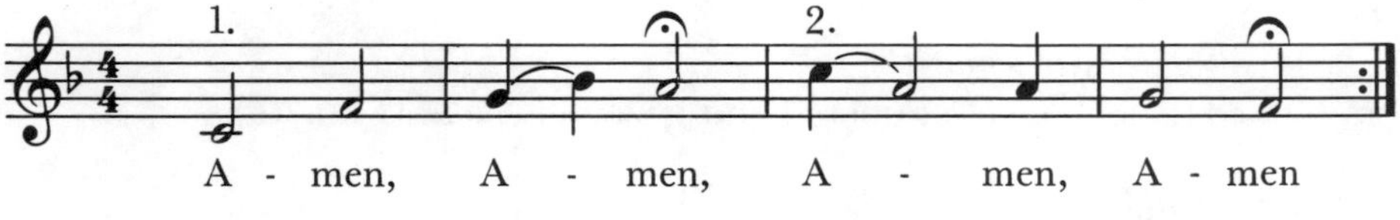

Ein bunter Regenbogen

Posaunenvorspiel, dazu Einzug der Kinder mit ihren Erntegaben

Lied
228,1-3 Nun danket alle Gott

Votum

Spruch
Aller Augen warten auf dich, Herr, und du gibst ihnen ihre Speise zur rechten Zeit. Du tust deine Hand auf und sättigst alles, was lebt, nach deinem Wohlgefallen. Ehre sei dem Vater...

Gebet als Schuldbekenntnis angesichts der Zerstörung der Welt.

Gnadenspruch

Lobvers
197,1+7 Du meine Seele, singe

Predigtteil »Ein bunter Regenbogen«

1. Lesung aus 1. Mose 9,8-17 (in kindgemäßer Übertragung)

Gott sprach zu Noah: Ich bin euer Gott. Ich will einen Bund mit euch schließen. Was ich euch verspreche, will ich halten für alle Zeit. Ich bin euer Gott! Ich werde nie wieder eine Flut schicken, die alles Leben auslöscht. Ich gebe euch ein Zeichen, damit ihr wißt, daß ich mein Wort halte: Ich stelle meinen Bogen in die Wolken. Dieser Regenbogen ist das Zeichen zwischen mir und der Erde. Wenn ihr den Bogen in den Wolken seht, dann denkt daran: Gott ist unsere Hilfe und unser Schutz! Er ist treu, das hat er versprochen.

2. Regenbogenlied der Kinder
Ein bunter Regenbogen ist übers Land gezogen (Lied 32 im Anhang)

3. Sprechmotette zu 1. Mose 8,22

A: Wir danken.
Wir danken an diesem Tag.
Wir danken – aber nicht aus vollem Herzen.

Die vollen Erntekörbe füllen unser Herz nicht nur mit Dank, sondern auch mit Nachdenklichkeit.
Wir spüren: Alles Geerntete erkaufen wir mit einem hohen Preis.
Wir fordern schönes, makelloses Gemüse – und der Landwirt muß Düngemittel in großer Menge einsetzen.
Wir fordern ein billiges Hühnerei – und die Hennen müssen in Legebatterien zusammengepfercht werden.
Wir fordern gut aussehendes Fleisch – und Tiere werden mit Hormonen gespritzt.
So tragen wir mit dazu bei, daß Ernte nicht nur Segen ist,
daß Geerntetes zunehmend in sich auch den Keim des Verderbens trägt.

B: Aber Gott spricht durch den Regenbogen zu uns: Solange die Erde steht, soll nicht aufhören Saat und Ernte, Frost und Hitze, Sommer und Winter, Tag und Nacht.

A: Gefahren bedrohen uns und unsere Welt.
Wir selbst gefährden unsere Schöpfung.
Wir zerstören die Ozon-Schicht der Erde durch die sinnlose Verwendung von Sprays.
Wir vergiften die Luft durch die Vergeudung von Benzin.
Wir verschmutzen das Grundwasser durch chemische Abfälle.
Wir lagern Nervengase und chemische Kampfstoffe in der Nähe von Wohngebieten.
Wir sehen voller Besorgnis, wie immer mehr Staaten in aller Welt Kernwaffen entwickeln, die unsere Erde in die Luft jagen können.

B: Aber Gott spricht durch den Regenbogen zu uns: Solange die Erde steht, soll nicht aufhören Saat und Ernte, Frost und Hitze, Sommer und Winter, Tag und Nacht.

A: Schöpfung – dich haben wir vergessen.
Du bist uns Material geworden – Material in unserer Hand.
Du Schmetterling, du Vogel, du Reh und du Kuh – ihr seid nicht mehr unsere Geschwister.
Du Wald, du Wiese, du Berg und du Tal – euch haben wir zubetoniert.
Schöpfung – dich haben wir vergessen, geopfert auf dem Altar des Fortschritts.
Schöpfung – was wird aus dir? Was wird aus uns?

B: Aber Gott spricht durch den Regenbogen zu uns: Solange die Erde steht, soll nicht aufhören Saat und Ernte, Frost und Hitze, Sommer und Winter, Tag und Nacht.

C: Christus spricht: Ändert euer Leben! Gott will jetzt seine Herrschaft aufrichten und sein Werk vollenden!

4. Regenbogen

Die Kinder des Kindergartens tanzen – begleitet von einer Musikgruppe – einen von den Erzieherinnen einstudierten Regenbogenreigen zur Melodie des Liedes »Ein bunter Regenbogen«. Die Anleitung zu diesem Regenbogenreigen ist den Biblischen Spielliedern zum Misereor-Hungertuch aus Haiti (Impulse-Musikverlag, Drensteinfurt, 1982, S. 47) entnommen:

Wir stehen frei im Kreis, vergessen alle Sorgen, Nöte und Ängste, atmen tief aus und ein.

Nur mit großer Ruhe, Stille und Gelassenheit kann man als kleiner Mensch den gewaltigen, wunderschönen Regenbogen darstellen.

Refrain: Wir singen sehr langsam mit viel Spannung und auch Kraft. Genauso ist unsere Bewegung, die den Regenbogen zeigt. Jeder gesungene Refrain ist ein Regenbogen.

1. Vers:
Wir zeigen mit den Händen die Sonne, dann mit den Fingern, wie der Regen auf die Erde fällt.

2. Vers:
Wir betrachten alle von links nach rechts einen riesigen Regenbogen.

3. Vers:
Wir schauen uns alle froh und glücklich an.

5. Gedicht und Lied

Ein Regenbogen, komm und schau!
Rot und orange, gelb, grün und blau?
So herrliche Farben kann niemand bezahlen,
sie über den halben Himmel zu malen.
Ihn malte die Sonne mit goldener Hand
auf eine wandernde Regenwand.

(Während der Lesung dieses Gedichtes könnte man an eine Wand der Kirche einen Regenbogen projizieren. Projektoren mit entsprechender Einrichtung sind in Dekorations- oder Möbelgeschäften zu entleihen.)

Lied
Ein bunter Regenbogen

Agapefeier zum Erntedankfest

Die Kinder gehen zum Altar und nehmen Körbe mit Broten und Weintrauben in die Hand. Bis zur Austeilung von Brot und Trauben stehen die Kinder im Altarraum.

Gebet zur Gabendarbringung
Brot und Trauben – deine Gaben – empfangen wir, Herr.
Brot und Trauben – mit ihnen machst du uns satt.
Brot und Trauben – in diesen Gaben kommst du selbst zu uns, Herr, unser Schöpfer.

Lied der Kinder zur Gabendarbringung
Heute scheint die Sonne (Lied 31 im Anhang)

Dankgebet
Herr, wir sagen dir Lob und Dank. Du hast uns Brot und Trauben geschenkt, Früchte des Feldes, die uns stärken. Du kommst selbst zu uns in Brot und Trauben, bist selbst das Brot des Lebens und der lebenspendende Weinstock. Deshalb stimmen wir dir zu Ehren mit aller Kreatur einen Lobgesang an und bekennen ohne Ende:

Sanctusgesang
Großer Gott, wir loben dich

Deuteworte zur Agapefeier
Christus spricht: Ich bin das Brot des Lebens. Wer zu mir kommt, den wird nicht hungern.
Ich bin der Weinstock, ihr seid die Reben. Wer in mir bleibt und ich in ihm, der bringt viel Frucht.

Austeilung
Kinder und Erzieherinnen teilen Brote (»Wagenräder«) und Weintrauben an die Gemeinde aus, während der Austeilung spielt eine Musikgruppe.

Opfergang zum Altar
Die Gemeinde bringt ihr Opfer für die Hungernden der Welt zum Altar. Während dieses Opferganges spielt der Posaunenchor.

Fürbittgebet (von Kindern formuliert)
Gott, unser Schöpfer, wir bitten dich um Nahrung für Mensch und Tier.
Wir bitten dich für die armen Menschen, daß sie nicht an Hunger sterben.

Wir bitten dich für den Frieden in deiner Schöpfung.
Wir bitten dich für die Kranken und Behinderten, daß sie Hilfe finden und ihre Krankheit besser ertragen.
Wir bitten dich für uns alle: daß wir nicht soviel Angst haben und daß wir mithelfen zum Frieden in dieser Welt.

Vaterunser

Abkündigungen

Kanon
Jeder Teil dieser Erde

Segen

VI. Gottesdienste zu Kinderbibelwochen

Kinderbibelwochen finden eine immer größere Verbreitung. Von Kindern werden sie begeistert angenommen, von MitarbeiterInnen gern vorbereitet und gestaltet, zumal sich das Engagement für eine Kinderbibelwoche zeitlich klar begrenzen läßt. Die Gemeinde der Erwachsenen kann in eine Kinderbibelwoche einbezogen werden, indem der Abschluß der Kinderbibelwoche im Gottesdienst am Sonntagmorgen gemeinsam gefeiert wird. So können Eltern, Großeltern, aber auch verwandtschaftlich nicht verbundene Erwachsene teilhaben an dem, was die Kinder über eine Woche lang in der Begegnung mit biblischen Texten erlebt haben, und so wird der Abschlußgottesdienst einer Kinderbibelwoche nicht selten zu einem großen Erlebnis für die ganze Gemeinde.

Singen will ich gegen die Angst: David

Die Kinderbibelwoche »David« wurde nach dem Entwurf der 11. Münchner Kinderbibelwoche »Ein Kleiner kommt ganz groß raus« (zu beziehen über Pfr. Klaus Meyer, Keferloher Str. 70, 8000 München 40, Tel. 089/3561310) gestaltet. Lieder und Anregungen für den Gottesdienst wurden diesem Heft entnommen.

Begrüßung
Ganz herzlich begrüße ich Sie zum Gottesdienst zum Abschluß unserer diesjährigen Kinderbibelwoche und zum Auftakt der neuen Konfirmandenzeit. Ich begrüße die Kinder, die an vier erlebnisreichen Tagen die Geschichte vom kleinen David, der in großen Gefahren auf Gott vertraut hat, kennengelernt und durch ihr Singen und Spielen mit Leben erfüllt haben. Ich begrüße die neuen Konfirmanden, für die mit diesem Gottesdienst die Konfirmandenzeit und damit die Zeit des Erwachsenwerdens in unserer Gemeinde beginnt. Ich begrüße die Eltern, die ihre Kinder in diesen Gottesdienst mit begleitet haben, um Anteil zu nehmen an ihrem Erleben und an ihren Schritten hinein in diese Gemeinde. Schließlich begrüße ich Sie alle, die Sie mit uns diesen Gottesdienst feiern, in Besonderheit all jene, die in der zurückliegenden Woche Abschied nehmen mußten von einem Menschen, der ihnen nahestand, und die sich in ihrer Trauer Hilfe erwarten von der Gemeinde, die zusammen mit ihnen und nach dem Beispiel Davids Ängste und Nöte vor Gott bringen

will im gemeinsamen Beten und Singen. Lieder Davids, Psalmen, Lieder gegen die Angst werden sich wie ein roter Faden durch diesen Gottesdienst ziehen, und sie wollen uns alle, Kinder, Jugendliche und Erwachsene, Traurige und Fröhliche anstecken, mitzusingen; neue Kräfte zu schöpfen beim »Singen gegen die Angst«.

Lied
188,1.5 Nun lob, mein Seel, den Herren

Votum

Spruch
Ps 103 gemeinsam mit der Gemeinde gesprochen.
Ehre sei dem Vater...

Eingangsgebet mit *Antwortgesang* der Kinder

Kind: Gott, wir Kinder bringen vor dich unsere Ängste:
unsere Angst zu versagen,
unsere Angst, zu kurz zu kommen,
unsere Angst vor den Großen,
unsere Angst vor Strafen,
unsere Angst vor dem Alleinsein.
Wir bitten dich: Laß nicht die Angst in uns groß werden,
sondern stärke unser Vertrauen.
Hilf, daß der böse Geist der Angst aus unserem Herzen flieht.
Schenke uns Menschen, die uns helfen, Ängste zu überwinden,
Menschen, zu denen wir sagen können:

Text: Friedrich Karl Barth, Peter Horst. Musik: Peter Janssens. Aus: Leben wird es geben.

Konfirmandin: Gott, wir Konfirmandinnen und Konfirmanden bringen vor dich unsere Ängste:
unsere Angst vor der Zerstörungskraft der Waffen,
unsere Angst vor Unglücksfällen im Verkehr und in der Industrie,
unsere Angst vor zunehmender Verschmutzung von Luft, Wasser und Erde,
unsere Angst vor der Arbeitslosigkeit,
unsere Angst vor der Zukunft.
Wir bitten dich: Laß nicht die Angst in uns groß werden,
sondern stärke unsere Fähigkeiten, neue Wege zu gehen.
Laß uns in deiner Gemeinde Menschen finden, die mithelfen abzubauen, was uns Angst macht,
Menschen, die mit uns versuchen, wirklich menschlich zu leben,
Menschen, zu denen wir sagen können:

Stimm deine Laute

Erwachsene: Gott, wir Erwachsenen bringen vor dich unsere Ängste, über die wir nicht gern reden:
unsere Angst vor Krankheit und Leiden,
unsere Angst vor dem Sterben,
unsere Angst vor dem Versagen,
unsere Angst vor der Vereinsamung,
unsere Angst vor der Wahrheit.
Wir bitten dich: Laß nicht die Angst in uns groß werden,
sondern stärke unsere Bereitschaft, unsere Ängste dir anzuvertrauen.
Entlock den Saiten unserer Seele neue Lieder des Vertrauens und der Zuversicht.
Hilf, daß in den Tiefen unserer Seele etwas zum Klingen kommt, das uns die Angst nimmt.
Hilf uns durch Menschen, zu denen wir sagen können:

Stimm deine Laute

Predigtteil I »Singen will ich gegen die Angst«

Einleitung
Der Weg Davids, den wir heute morgen ein wenig mitgehen wollen, begann in Bethlehem. Als jüngster Sohn des Isai wuchs er auf, betraut mit der Aufgabe, die Herden seines Vaters zu bewachen und gegen wilde Tiere zu schützen. In dieser Tätigkeit lernte David, mutig allen Gefahren entgegenzutreten. Und als Hirtenjunge hatte er wohl viel Zeit, an den langen Abenden – allein bei den Herden des Vaters – Lieder zu dichten und sich selbst beim Singen dieser Lieder auf der Harfe oder auf der Laute zu begleiten. Bald schon wurde Davids Fähigkeit im Harfenspiel und Singen weithin bekannt, und so geschah eines Tages folgendes:

Erzählung nach 1. Sam 16
(mit Orff'schen Instrumenten gestaltet)

- König Saul hat einen bösen Geist (Trauer: Xylophon und Klangstab; Wut: zwei Trommeln, vier Rasseln, ein Becken)
- Diener werden zu David geschickt und kehren mit ihm zurück (Holzblökke, Klanghölzer, Sandrasseln, Klangstab)
- König Saul hat wieder einen bösen Geist (s.o.)
- David spielt vor ihm (Glockenspiel F-Dur, Fingerzimbel, Triangel, Klangstäbe f/a/c)
- Schlußsatz: Da wich der böse Geist von Saul (Xylophon f/a)

Direkt anschließend: *Orgelvorspiel* (in F-Dur beginnend) zum *Lied:* Ich will singen, will spielen (Lied 33 im Anhang)

Ansprache des Pfarres/der Pfarrerin

Liebe Gemeinde!
Wer gibt schon gerne zu, daß er Angst hat?
Wer aber kann ehrlich von sich behaupten, keine Angst zu haben? Angst, das gehört zu dem, was wir am liebsten nicht wahrhaben wollen, was uns aber doch unser Leben lang begleitet. Kinder erleben Angst noch ganz unmittelbar und schreien ihre Angst hinaus. Jugendliche erfüllt es mit Angst, wenn sie ihre Umwelt und ihre Zukunft mit wachen Augen betrachten, und manche versuchen, ihre Angst zu betäuben, sie zu verstecken hinter einer Maske des scheinbaren Erwachsenseins.
Wir Erwachsenen haben gelernt, unsere Angst vor anderen zu verbergen, aber dann bricht sie doch plötzlich hervor, etwa wenn eine Krankheit uns das Leben schwer macht oder wenn wir am Sarg eines Menschen an die Grenzen des Lebens erinnert werden.
Was ist das für eine Welt, in der Erwachsenwerden offensichtlich heißt: zu lernen, seine Angst zu verbergen! In der Kinderbibelwoche haben wir am Beispiel Davids gesehen, daß man auch ganz anders mit seiner Angst umgehen kann. David hat seine Angst im Gebet vor Gott gebracht, er hat gesprochen und gesungen von dem, was ihm Angst macht. Die vielen Psalmen des Alten Testaments, die David zugeschrieben werden, sind Zeugnisse dieses offenen Umgangs mit der Angst. David hat gegen die Angst, die Sauls Geist betrübt hat, angesungen. Jeder von uns kennt das befreiende Gefühl, das uns erfaßt, wenn wir im Dunkeln und in der Einsamkeit ein Lied singen können. David hat gegen das gekämpft, was Menschen Angst macht. Wie die Geschichte vom Riesen Goliat zeigt, hat er sich nicht abgefunden mit all dem Angst Erregenden in dieser Welt, sondern hat mitgeholfen, es abzubauen. Und schließlich hat David, als er selbst um sein Leben fürchten mußte, sich mit seiner Angst zu Gott gewandt und um die Chance eines Neuanfangs gefleht.

Ja, von David können wir lernen, wie wir die bösen Geister der Angst in uns vertreiben können in der Hinwendung zu dem Gott, der für uns sorgt. Von David können wir lernen, wie wir Menschen um uns her befreien können von ihrer Angst, indem wir sie in ihren Dunkelheiten nicht alleinlassen, sondern sie anstecken mit unserem Lied. Von David können wir lernen, zu kämpfen gegen alles, was uns und unsere Welt ängstigt, und an seinem Beispiel sehen wir, wie wir mit unseren kleinen Kräften oft Unvorstellbares erreichen können. Und schließlich können wir von David lernen, daß wir uns mit unserer Angst nicht zu verstecken brauchen, daß Gott uns mit unserer Angst annimmt.

Liebe Konfirmandinnen und Konfirmanden, wenn Ihr in den kommenden Monaten miteinander und mit dieser Gemeinde Erfahrungen machen werdet, dann erinnert Euch an das Beispiel Davids: Wenn wir miteinander darüber nachdenken, was es heißt, als Christ heute in dieser Welt zu leben, dann wird auch das zur Sprache kommen, was Euch Angst macht. Und dann ist es wichtig, daß wir nicht miteinander üben, unsere Angst voreinander zu verstecken, sondern daß wir in dieser Gemeinde und mit dieser Gemeinde lernen, unsere Angst vor Gott und voreinander auszusprechen, mit unseren Kräften das abzubauen, was Angst macht, und Lieder gegen die Angst zu singen.

Ihr werdet nun gleich mit Namen aufgerufen und erhaltet dann ein Liederbuch für die Konfirmandenzeit. In ihm steht ein sehr schönes Lied gegen die Angst. Dies Lied will ich Euch mitgeben für die Konfirmandenzeit. Euch und allen in dieser Gemeinde, den Kleinen und Großen, den Traurigen und den Fröhlichen:

Fürchte dich nicht, du gehst nicht verloren,
bleib bei den Traurigen, teile ihr Unglück,
so groß die Liebe, so groß der Schmerz.

Fürchte dich nicht, du gehst nicht verloren,
bleib bei den Fröhlichen, teil ihre Freude,
so groß die Liebe, so groß der Schmerz.

Fürchte dich nicht, du gehst nicht verloren,
bleib bei den Schweigenden, teil ihre Schwermut,
so groß die Liebe, so groß der Schmerz. Amen.

KonfirmandInnen kommen nach vorn und erhalten das Liederbuch.

Lied der Gemeinde
Fürchte dich nicht, gefangen in deiner Angst (in allen neueren Kirchentagsliederbüchern und in zahlreichen Anhängen zum EKG abgedruckt)

Predigtteil II »David und Goliat«

In der Kinderbibelwoche hatten die Kinder aus großen Kartons, die schwarz angestrichen waren, eine riesige Goliat-Figur gestaltet, indem sie auf diese Kartons alles klebten, was ihnen Angst macht, und diese Kartons zu einer Riesen-Figur zusammenfügten. Diese Figur stand von Beginn des Gottesdienstes an im Altarraum. Auf diese Goliat-Figur nimmt die folgende Ansprache Bezug:

Kurz-Ansprache des Pfarrers/der Pfarrerin

Wir alle kennen die Geschichte von David und Goliat, von dem kleinen Hirtenjungen, der mit einer Steinschleuder den wutschnaubenden und kraftstrotzenden Riesen zu Fall bringt. Ein Märchen?
Uns hat in der Kinderbibelwoche diese Geschichte begeistert. Nicht der Geist der Großen und Mächtigen, sondern der Geist eines schmächtigen Jungen, sein unerschrockener Mut, und vor allem sein großes Gottvertrauen hat uns mitgerissen.
Wir haben Goliat in unsere Kirche gebracht.
Wer ist Goliat? Nur ein Riese aus märchenhafter Zeit?
Schwarz und drohend türmt er sich vor uns auf. Er erinnert uns an alles, was uns bedroht, was uns klein macht, was uns zittern läßt, was uns die Hoffnung raubt. Goliat steht für unsere Ängste und Verzweiflungen. Und die bleiben nicht vor der Kirchentüre, die tragen wir mit uns herum, wo wir auch sind. Darum haben wir unsere Ängste, unseren Goliat vor Gott gebracht, in unsere Kirche.
Die Kinder haben Goliat wiedererkannt in ihrem Leben. All das ist Goliat, was Kinder hier mit Bildern oder Worten auf den Riesen geklebt haben: Angst vor schlechten Noten wie Angst vor der Dunkelheit, Baumsterben und Überschwemmung wie Einsamkeit und alt werden, schlechte Träume ebenso wie Krieg und Unrecht, und immer wieder der Tod.
Was soll nun mit Goliat werden? Die Kinder brennen seit Tagen darauf, ihn umzuwerfen. Da spüre ich etwas vom Geist Gottes in David auch bei unseren Kindern.
Aber so schnell geht es wohl nicht. Vielleicht müssen wir ihm zunächst einmal in die Augen sehen, dem Goliat, unserem ganz persönlichen Goliat. Vielleicht müssen wir zuerst lernen, standzuhalten und nicht gleich wegzusehen oder wegzulaufen vor dem, was uns bedroht. Dann können wir als Gemeinde Kräfte sammeln aus der Gemeinschaft mit Gott und untereinander. Keiner ist mit seinem Goliat allein. Und zuletzt gilt es wohl zu kämpfen, wie die Kinder gleich singen: Wenn Gottes Geist auch uns erfaßt, wie David kämpfen wir! Manchmal glaube ich, wir haben Christsein mit Ergebung in ein Schicksal verwechselt. Vielleicht kann uns das Lied der Kinder Mut machen, unserem Goliat ins Auge zu sehen und ihm zu widerstehen. Der Geist Gottes, der David stärkte, wird auch uns erfassen, uns Mut und Hoffnung geben.

Lied der Kinder
Wenn große Angst auch uns erfaßt, wie David singen wir (Lied 34 im Anhang)

Während dieses Liedes wird die Goliat-Figur abgebaut und aus der Kirche getragen.

Lied
283,1.3 Von Gott will ich nicht lassen

Fürbittgebet

Vaterunser

Schlußlied
111,1-3 Gelobet sei der Herr

Abkündigungen

Segen

Am Ausgang verteilen die Kinder an alle BesucherInnen des Gottesdienstes ein Lied Davids gegen die Angst (siehe nächste Seite), vor der Kirche wird dann die Goliat-Figur von den Kindern zerstört.

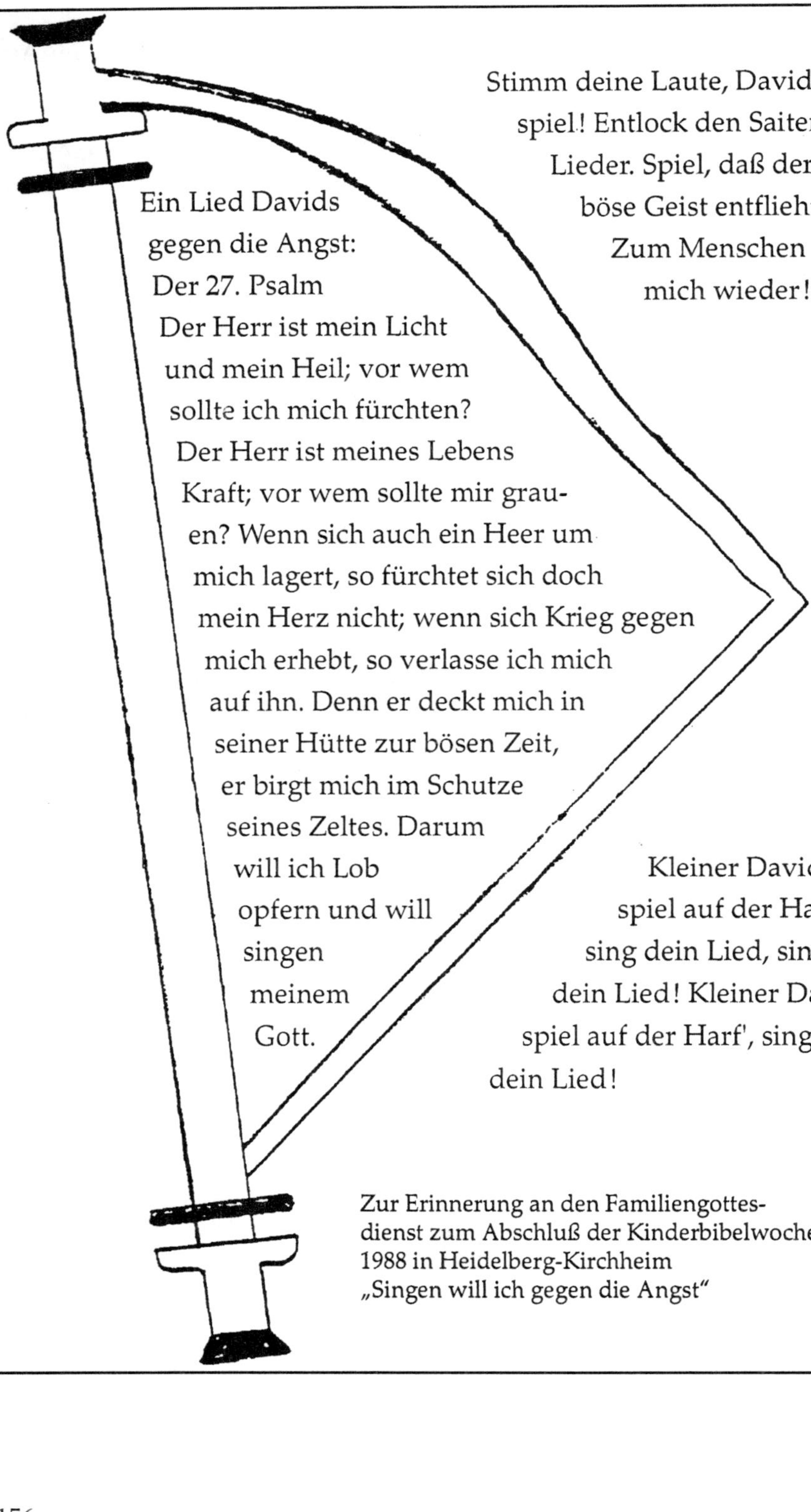

Stimm deine Laute, David,
spiel! Entlock den Saiten
Lieder. Spiel, daß der
böse Geist entflieht.
Zum Menschen mach
mich wieder!

Ein Lied Davids
gegen die Angst:
Der 27. Psalm

Der Herr ist mein Licht und mein Heil; vor wem sollte ich mich fürchten? Der Herr ist meines Lebens Kraft; vor wem sollte mir grauen? Wenn sich auch ein Heer um mich lagert, so fürchtet sich doch mein Herz nicht; wenn sich Krieg gegen mich erhebt, so verlasse ich mich auf ihn. Denn er deckt mich in seiner Hütte zur bösen Zeit, er birgt mich im Schutze seines Zeltes. Darum will ich Lob opfern und will singen meinem Gott.

Kleiner David,
spiel auf der Harf',
sing dein Lied, sing
dein Lied! Kleiner David,
spiel auf der Harf', sing
dein Lied!

Zur Erinnerung an den Familiengottesdienst zum Abschluß der Kinderbibelwoche 1988 in Heidelberg-Kirchheim „Singen will ich gegen die Angst“

Laß mich an dich glauben, wie Daniel es tat

Am letzten Tag der Kinderbibelwoche wurden folgende dreizehn Szenen der Danielgeschichte von den Kindern als großformatige Bilder (ca. 1,20m x 1,20m) mit Dispersionsfarbe gemalt.

1. Daniels Jugend und seine Freunde
2. Nebukadnezars Traum
3. Die babylonischen Traumdeuter und ihr Mißerfolg
4. Daniels Traumdeutung
5. Die Anbetung der Götzen in Babylon
6. Die drei Männer im Feuerofen
7. Belsazars Gastmahl
8. Die geheimnisvolle Schrift
9. Daniels Deutung der Schrift
10. Daniel im Gebet
11. Daniel in der Löwengrube
12. Daniel und Darius
13. Gottes Schutz für die, die ihm treu bleiben

Diese dreizehn Bilder wurden mit Reißzwecken und Nägeln an einer Dachlatte befestigt, die von zwei MitarbeiterInnen gehalten wurde. Nach der aus der »Mundorgel« bekannten Melodie des Liedes »Laß mich an dich glauben« wurde ein Lied für einen »Bänkelsänger aus Babylon« geschrieben, der dann im Gottesdienst die Danielgeschichte singend erzählte, während die Bilder der Danielgeschichte nacheinander der Gemeinde gezeigt wurden.
Eine intensive Vorbereitung verlangt auch der Bewegungstanz der »Drei Männer im Feuerofen« zur Musik des Feuervogels von I. Strawinsky (in der Synthesizer-Fassung von I. Tomita), denn die Bewegungsabläufe müssen genau auf die Musik abgestimmt werden. Eine Probenarbeit nach der Stoppuhr ist empfehlenswert. Als Bekleidung für den Bewegungstanz sind rote Gewänder zu wählen.

Lied
347,1.2.6.7 Lobet den Herren

Votum

Spruch
Wohl den Menschen, die dich für ihre Stärke halten und von Herzen dir nachwandeln. Denn Gott, der Herr, ist Sonne und Schild. Der Herr gibt Gnade und Ehre. Er wird kein Gutes mangeln lassen den Frommen.
Ehre sei dem Vater...

Gebet
Herr, was du uns zu sagen hast, das kann kein Mensch sich ausdenken. Darum bitten wir dich für diesen Gottesdienst, laß uns erkennen, wie nahe du uns bist. Sprich zu uns und hilf uns, dein Wort anzunehmen. Mache uns empfänglich für deinen Segen.
Sende uns deinen Geist, damit wir uns lösen von allem, was dir zuwider ist. Nimm uns Fehler und Versäumnisse ab und beschenke uns mit der Kraft deines Friedens und deiner Liebe.
Kyrie eleison

Gnadenspruch
So spricht Gott: Siehe, ich habe dir geboten, daß du getrost und freudig seist. Laß dich nicht grauen und fürchte dich nicht, denn der Herr, dein Gott ist mit dir in allem, was du tust.

Lobvers
Lobsingt dem Herrn und preist seine Gnade: 111,1.3

Schriftlesung
Die Schriftlesung des heutigen Sonntags wird in einer besonderen Form erfolgen. Die Kinder haben die Geschichten des Danielbuches auf große Bilder gemalt, und der Bänkelsänger von Babylon wird zusammen mit seinen Sängern die Geschichte Daniels und seiner Freunde vortragen. Das sind im ganzen fünf Geschichten:
Wie Daniel und seine Freunde am Hof Nebukadnezars erzogen werden.
Wie Daniel einen bösen Traum des Königs deutet.
Wie Freunde des Daniel aus dem feurigen Ofen gerettet werden.
Daniel in der Löwengrube.
Das Gastmahl des Belsazar.
Nachzulesen im Buche Daniel Kap. 1-6 im Alten Testament.

Lied des Bänkelsängers
Laß mich an dich glauben, wie Daniel es tat (Lied 35 im Anhang)

Ansprache des Pfarrers/der Pfarrerin

Liebe Kinder, liebe Erwachsene,
es gibt Geschichten in der Bibel, die sind ganz merkwürdig. Will man von ihnen wissen, was wirklich passiert ist, so sagen sie wenig oder bleiben stumm. Fragt man sie aber nach Erfahrungen des Glaubens, dann beginnen diese Geschichten zu leben und zu leuchten. Solch eine Geschichte ist die von den drei Männern im Feuerofen, von der der Bänkelsänger von Babylon eben schon gesungen hat. Ich will sie Euch erzählen:
Das ist eine Geschichte aus dem Lande Babylon. Da herrschte vor vielen Jahren ein mächtiger König: Nebukadnezar hieß er. Viele Kriege führte dieser

König. Auch das Land Israel hatte er besiegt. Das war ein großes Unglück für die Leute, die dort wohnten. Viele von ihnen wurden getötet. Und ein Teil der Überlebenden wurde von den Soldaten in das Land Babylon verschleppt. Dort mußten sie leben, und es ging ihnen nicht einmal schlecht. Aber sie waren wenige in einem fremden Land mit fremden Göttern. Und manchmal fühlten sie sich ziemlich allein mit ihrem Glauben an den einen Gott. Dies Gefühl kennen wir auch, wenn wir unter Menschen sind, die vom Glauben nichts halten. Da braucht man Mut, um etwas Gutes über den Glauben zu sagen. Da kommt man sich manchmal etwas merkwürdig und unsicher vor. Und immer wieder kann ein Punkt kommen, wo einer, der an Gott glaubt, andere Meinungen hat oder sich mit seiner Meinung vor den anderen lieber verstecken würde. So ging es auch den drei Freunden des Daniel, von denen ich erzählen will. Das waren tüchtige Leute. Sie hatten sogar eine gute Stellung am Hofe Nebukadnezars. Und jeder dachte von ihnen: Sie gehören zwar zu den Leuten aus Israel. Aber eigentlich kann man nichts gegen sie sagen. Sie tun ihre Arbeit und sind dem König treu ergeben. – Aber dann kam der Tag, an dem niemand mehr etwas Gutes über die drei Männer sagte. Dann kam der Tag, wo alle mit Fingern auf sie zeigten und sagten: Wie können die drei nur!! Das ist doch völlig unmöglich!!
Gekommen war es so: Nebukadnezar wollte nun endlich allen Bewohnern seines Reiches und auch den anderen Völkern zeigen, wie mächtig er war. Alle sollten wissen, wer hier bestimmte, wer hier den Ton und die Meinung angab. Wenn heute bei den Mächtigen dieser Erde ein solcher Wunsch auftaucht, dann demonstrieren sie wirtschaftliche Stärke. Dann zeigen sie ihre militärische Überlegenheit. Es gibt viele Möglichkeiten, Macht zu zeigen. Nebukadnezar zeigte seine Macht, indem er ein großes goldenes Standbild bauen ließ. Und für dieses Standbild war eine große Einweihungsfeier geplant. Der Posaunenchor sollte auftreten, und beim Klang der Posaunen sollte jeder sich vor dem Standbild bis auf die Erde verneigen. Jeder sollte durch sein Verhalten zeigen: Niemand ist größer als unser König. So war es geplant. Und falls es irgendwelche Außenseiter geben sollte, die sich weigern, nun – für sie ist der feurige Ofen bestimmt. Sie werden ausgestoßen, isoliert. Sie haben mit Sanktionen zu rechnen.
Alle Leute im Lande waren sich einig: Das war eine prächtige Idee. Ist der König mächtig, so sind wir es auch. Wer sich anpaßt, der hat doch kein schlechtes Leben in Babylon. Daß man manchmal Angst haben muß, daß man nicht alles sagen kann, was man denkt, daß es da Sklaven gibt, die ein menschenunwürdiges Leben haben, – na ja. Daran kann man eben nichts machen. Besser, man schweigt still.
Und als die Posaunen ertönten, da fielen alle Beamten des Königs, die Minister, die Vertreter der unterdrückten Völker, all die Leute aus der Stadt Babylon, alle fielen auf die Knie und verbeugten sich bis auf den Boden vor dem Standbild der Macht. Kluge Leute waren darunter, einflußreiche Leute, Leute mit Erfahrung – sie alle verneigten sich tief bis auf den Boden. Alle haben sie es getan – nur drei Männer nicht, die Freunde des Daniel. Sie bleiben stehen, ganz still, ohne etwas zu sagen.

Liebe Gemeinde, das ist nicht einfach: stehenzubleiben, wenn alle niederknien. Zu schweigen, wenn alle anderen »Bravo« schreien oder »Hosianna« oder »Kreuzige«. Es ist nicht einfach, besonnen zu bleiben, wenn alle anderen den Kopf verlieren und ihren Verstand einfach zurücklassen. Es ist nicht einfach, seinen Glauben zu vertreten, wenn alle anderen einen für einfältig oder verrückt halten.
Viele Menschen haben das schon so erlebt, wie diese drei Männer: plötzlich stehen sie allein. Ein freier Raum hat sich um sie gebildet. Alle rücken von ihnen ab. Aber der König ist ja nicht unmenschlich. Er gibt den dreien noch eine Chance. Sie sollen sich anders besinnen. Sie sollen vor den Augen des Königs vor dem Standbild niederfallen und das Standbild anbeten.
Wenn aber nicht, dann endgültig hinein mit ihnen in den feurigen Ofen. Dann werdet ihr sehen, wie ihr mit unserem Zorn, mit unseren Vergeltungsmaßnahmen zurechtkommt. Wer kann euch dann eine Lebensmöglichkeit geben, wer kann euch dann helfen? Euer Gott vielleicht?
Ja, sagen die drei, unser Gott wird uns eine Möglichkeit geben zu leben, wenn es ihm gefällt. Er wird uns einen Weg zeigen, den wir bisher noch nicht kennen. Er kann uns helfen. Er kann uns retten. Aber selbst, wenn wir untergehen: wir können nicht anders handeln, als Gott uns gelehrt hat. Und er hat gesagt: Dient keinen anderen Göttern außer mir.
Da wurde Nebukadnezar wütend. Sein Gesicht verzerrte sich vor Zorn über die drei Männer. Er ließ einen riesigen Ofen siebenmal stärker heizen als sonst. Soldaten mußten die drei Männer fesseln, und gefesselt wurden sie in den feurigen Ofen hineingeworfen. Knechte mußten noch mehr Holz, Pech und Harz in den Ofen werfen. Und die Flammen schlugen immer höher...

Bewegungstanz »Die drei Männer im Feuerofen« zur Musik »Feuervogel« von I. Strawinsky (Dauer: vom Beginn der Musik 2 Minuten, 40 Sekunden)

Aufstellung: 3 Männer = 3 TänzerInnen in hellen Gewändern, tief geduckt in der Mitte
Flammen = 8 TänzerInnen in roten Gewändern, in zwei Kreisen (auf Lücke) um die drei Männer herum

33 Sekunden Teil A »Greifen«: Kurze, schnelle Bewegungen mit Fingern und Händen (züngelnde Flammen), aus der Hocke heraus allmählich in die Höhe, dabei im Kreis gehen (Außenkreis rechts herum, Innenkreis links herum)

20 Sekunden Teil B »Tauchen« mit dem ganzen Körper, Außenkreis beginnt nach innen, Innenkreis nach außen

10 Sekunden Teil A »Greifen«: Schnelle Greifbewegungen mit den Händen (wie oben, nur intensiver)

15 Sekunden Teil C »Schwingen«: Zum Kreis durchfassen, Schwingen mit den Armen (hin und her wogendes Feuer)

18 Sekunden Teil B »Tauchen« (wie oben) im großen Kreis, alle gemeinsam nach innen und nach außen (schneller werden)

23 Sekunden Teil C »Schwingen«: Im großen Kreis durchfassen, Schwingen mit den Armen, immer langsamer werden, dabei allmählich in die Hocke, dann in die Knie

41 Sekunden Teil D: Drei Männer (mit Rücken zueinander) heben langsam ihren Kopf, dann Hände vor die Brust, dann langsam aus dem Knien in die Hocke, langsam aufstehen, Hände zum Gebet heben, Gesichter einander zuwenden, die Hände zum Himmel heben, beim letzten Ton der Musik stimmen sie den Gesang an: Segne uns, o Herr (s. S. 80)

Pfr.: Habt ihr gemerkt, was da passiert ist? Im feurigen Ofen sind sie. Abgelehnt und ausgeschlossen sind sie. Alles ist darauf aus, sie zu zerstören. Aber sie werden nicht verbrannt. Sie singen ein Lied. Wir haben es gehört: »Segne uns, o Herr. Laß leuchten dein Angesicht über uns und sei uns gnädig ewiglich. Segne uns, o Herr. Deine Engel stell um uns, bewahre uns in deinem Frieden gnädiglich.«

Nach einiger Zeit schaute der König in den Ofen und erschrak. Und er fragte seine Minister: »Haben wir nicht drei Männer in den feurigen Ofen geworfen? Ich aber sehe vier Männer darin herumgehen. Sie sind unversehrt, sie leben und sind unverletzt. Und der vierte sieht aus wie ein Engel.« Da ging er zu der Tür des Ofens und rief: »Ihr drei, kommt heraus.« Da kamen sie heraus, und alle sahen, daß das Feuer keine Macht über sie gehabt hatte. Und der König sagte: »Ihr habt einen großen Gott. Er hat seinen Engel geschickt und seine Diener gerettet.«

Liebe Kinder, liebe Erwachsene, was diese drei Männer erlebt haben, das ist wie ein Traum. Und viele Christen haben darin einen Ausdruck ihrer eigenen Erfahrungen gesehen. Erfahrungen mit politischen und gesellschaftlichen Mächten drängen sich in dieser Geschichte geradezu auf. Aber ich könnte mir vorstellen, daß der eine oder die andere sich jetzt sagt: Etwas Ähnliches habe ich auch schon im persönlichen und beruflichen Bereich erlebt. Wie allein habe ich zum Beispiel dagestanden, als ich die Verleumdungskampagne gegen einen Kollegen im Betrieb nicht mitgemacht habe. Ich konnte es einfach nicht, und ich habe ihm ein gutes Wort gesagt und bin nach Betriebsschluß auch ein Stück mit ihm gegangen. Oder ich könnte mir vorstellen, daß ein Kind sagt: Der eine Junge in meiner Klasse, das ist der stärkste, der will immer bestimmen. Und der hat gesagt: mit dem dicken Michael spielen wir nicht. Da habe ich gesehen, wie traurig Michael war, wie häßlich die anderen zu ihm waren. Da habe ich mit ihm gespielt, ich konnte einfach nicht anders. Das hat mich aber viel Mut gekostet. Und da haben sich alle von mir abgewendet.

Diese Geschichte von den drei Männern im Feuerofen ist eine Mutmachgeschichte. Sie zeigt: Gott will solche Menschen segnen, die aus dem Glauben heraus auch den Mut haben, etwas zu tun, was alle anderen nicht tun,

oder etwas zu sagen, was gegen die Meinung der anderen ist. Gott will ihnen Lebensmöglichkeiten schaffen, wo keiner gedacht hat, daß das möglich ist. Er will ihnen Kraft geben, wo alle denken: Nun geht es nicht mehr. Er will ihnen Wege zeigen aus dem feurigen Ofen der Angst, der Isolierung, der Hoffnungslosigkeit. Unter diesem Segen stehen wir alle.
Liebe Gemeinde, dem Kind, das wir heute taufen, wünschen wir, daß es Mut haben wird, alles, was es erlebt, am Glauben zu prüfen und auch danach zu handeln. Und wir stellen auch sein Leben unter die Verheißung des Segens Gottes, der uns begleitet und der uns Leben und reiche Fülle schenken wird. Amen.

Lied
Fürchte nicht, gefangen in deiner Angst (in allen neueren Kirchentagsliederbüchern und in zahlreichen Anhängen zum EKG abgedruckt)

Tauffeier

Lied
Segne uns, o Herr (s. S. 80)

Fürbittgebet
Herr, wir danken dir für diesen Gottesdienst. So wie Daniel und seine Freunde möchten wir auch sein. Aber mitmachen, was alle anderen machen, ist leicht. Dir treu bleiben gegen die anderen ist oft schwer. Wer das wagt, der erfährt, wie wunderbar du helfen und retten kannst. Darum laß uns lernen, dir mehr zu gehorchen als den Menschen.
Wir beten nun für alle, mit denen wir diesen Gottesdienst gefeiert haben, für die Kleinen und Großen, für die Fröhlichen und die Traurigen und besonders für das kleine Kind, das wir heute getauft haben. Laß uns alle deinen Segen in unserem Leben erfahren.

Vaterunser

Lied
208,1.3.6 Ach bleib mit deiner Gnade

Abkündigungen

Segen

Liedanhang

Im Liedanhang sind neue geistliche Lieder abgedruckt, die in gängiger Literatur (Anhänge, Kirchentagsliederbücher) nicht zu finden sind. Diese Lieder können – wie jeweils in den Gottesdienstabläufen angegeben – zur Gestaltung der Gottesdienste herangezogen, aber auch gegen andere Lieder ausgetauscht werden. Liturgische Gesänge dagegen, die für die Gestaltung der Liturgien oder Predigtteile konstitutiv sind, werden nicht im Liedanhang, sondern innerhalb der Gottesdienstabläufe selbst abgedruckt.

1 In einer kalten, klaren Nacht

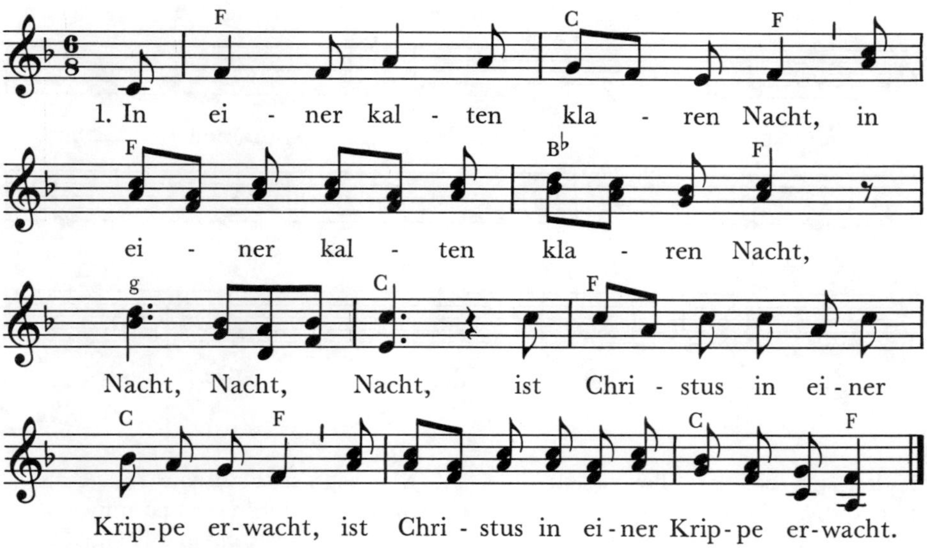

2. Er wuchs heran und wurde ein Mann,
Mann, Mann, Mann,
und wurde im ganzen Land bekannt.

3. Er sprach von Freiheit für jedermann,
Mann, Mann, Mann,
da wurd' es den Mächtigen angst und bang.

4. Minister und Priester und Leute mit Geld, – Geld, Geld, Geld,
regierten schon damals wie heute die Welt.

5. Sie sprachen: er ist gefährlich für uns,
uns, uns, uns,
verprügelt den Menschen und bringt ihn dann um.

6. Doch Christus hatte keine Angst,
Angst, Angst, Angst.
Er liebte die Menschen im ganzen Land.

7. Er sprach vom Frieden für diese Welt,
Welt, Welt, Welt,
von Einheit, von Freiheit, die Welt wurde hell.

8. In einer kalten, klaren Nacht,
Nacht, Nacht, Nacht,
ist Christus in einer Krippe erwacht.

Text: Ludger Edelkötter; Musik: Ludger Edelkötter, trad.
Aus: Uns ist ein Licht aufgegangen.

2 Man sagt, der Ort hieß Bethlehem

2. Man sagt, sein Name heißt »Gott hilft«,
man sagt, er hat ihn wahrgemacht, trotz
Priester und trotz Gouverneur,
trotz Schauprozeß und Kreuzverhör:
an allen, die verzweifelt sind,
an allen, die im Elend sind.

3. Man sagt, er stand vom Tode auf,
man sagt, er lebt in dir und mir,
trotz Wohlstandswahn und Hungerkampf,
trotz Weltraumfahrt und Klassenkampf:
wenn er der Weg ist, den wir gehn,
wenn er das Wort ist, das wir sehn.

Werk-Nr. 458. Text: Arnim Juhre; Melodie: Choral Brother Ogo. Quelle: In dieser Nacht, BE 808. Bosse Verlag

Die Angst, die Angst vergeht (Refrain zu: Man sagt, der Ort hieß Bethlehem)

Liedblatt J.O. Blarr.

3 Ich steh an deiner Krippen hier

Text: Paul Gerhardt; Musik: Johann Sebastian Bach/J. Zahn

4 E se musima

Lied aus Kamerun. Rechte beim Evangelischen Missionswerk in Südwestdeutschland e.V., Stuttgart

5 Gottes Liebe ist ein Kind

2. Gottes Freude wird uns kund
aus des Gottesboten Mund.
Jesus Christus ist jetzt da.
Drum: Wir singen Halleluja!

3. Gottes Friede tut uns not,
er ist Gabe und Gebot.
Jesus Christus ist jetzt da.
Drum: Wir singen Halleluja!

4. Gottes Licht erhellt die Nacht.
Haß hat nunmehr keine Macht.
Jesus Christus ist jetzt da!
Drum: Wir singen Halleluja!

5. Gottes Boten rufen laut,
was im Glauben sie geschaut:
Jesus Christus ist jetzt da.
Drum: Wir singen Halleluja!

Text: Kurt Rommel; Melodie aus China. Aus: Uns wird erzählt von Jesus Christ. Christophorus-Verlag, Freiburg i. Br.

6 Gloria

Melodie: P. Kickstat 1947. Hartkopf-Verlag, Solingen

7 Mach schnell, komm, Esel, mach schnell

2. Weine nicht, Liebling, wir trotzen dem Tod,
   finden ein andres Land, Obdach und Brot.
   Weine nicht, schlafe nun ein,
   mein Arm wird Wiege dir sein.
   Gott wird uns retten aus Flucht und aus Not.

3. Gott braucht ja Menschen, die Welt zu befrein,
   und darum können wir Hoffende sein.
   Friede den Menschen der Welt
   uns der Engel bestellt.
   Gott gibt ein Fest uns mit Brot und mit Wein.

Werk-Nr. 594. Text: Diethard Zils; Melodie aus Argentinien. Quelle: In dieser Nacht BE 808. Bosse-Verlag

8 Ich möcht, daß einer mit mir geht

2. Ich wart, daß einer mit mir geht,
der auch im Schweren zu mir steht,
der in den dunklen Stunden
mir verbunden.
Ich wart, daß einer mit mir geht.

3. Es heißt, daß einer mit mir geht,
der's Leben kennt, der mich versteht,
der mich zu allen Zeiten
kann geleiten.
Es heißt, daß einer mit mir geht.

Text und Melodie: Hanns Koebler.
Quelle: Neue geistliche Lieder. BE 285. Bosse-Verlag

9 Der Gottesdienst soll fröhlich sein

2. Wir hören jetzt auf Gottes Wort, und davon leben wir.
Das wirkt im Alltag fort und fort,
begleitet uns an jedem Ort. Und davon leben wir.

3. Wir sagen Gott, was uns bedrückt. Er hört uns ganz gewiß.
Wenn er uns einen Kummer schickt,
wenn uns mal nichts gelingt und glückt. Er hört uns ganz gewiß.

4. Wir singen Gott ein schönes Lied. Vergeßt nur nicht den Dank.
Er, der uns täglich Gutes gibt,
zeigt uns damit, daß er uns liebt. Vergeßt nur nicht den Dank.

5. Der Gottesdienst soll fröhlich sein. So fangen wir nun an.
Gott lädt uns alle zu sich ein,
und keines ist dafür zu klein. So fangen wir nun an.

Text und Melodie: Martin Gotthard Schneider.
Aus: Sieben Leben möcht ich haben.
Christophorus-Verlag, Freiburg / Verlag Ernst Kaufmann, Lahr

10 Jesus, unser Trost und Leben

2. Nunmehr liegt der Tod gebunden,
von dem Leben überwunden,
wir sind seiner Tyrannei,
seines Stachels quitt und frei.
Nunmehr steht der Himmel offen,
wahrer Friede ist getroffen.
Halleluja, Halleluja.

3. Alle Welt sich des erfreuet,
sich verjünget und verneuet,
alles, was lebt weit und breit,
leget an sein grünes Kleid.
Ja, das Meer vor Freuden wallet,
Berg und Tal weithin erschallet.
Halleluja, Halleluja.

Text: Ernst Christoph Homberg (1605-1681);
Melodie: Johann Sebastian Bach (1685-1750)

11 Vertrauen wagen dürfen wir

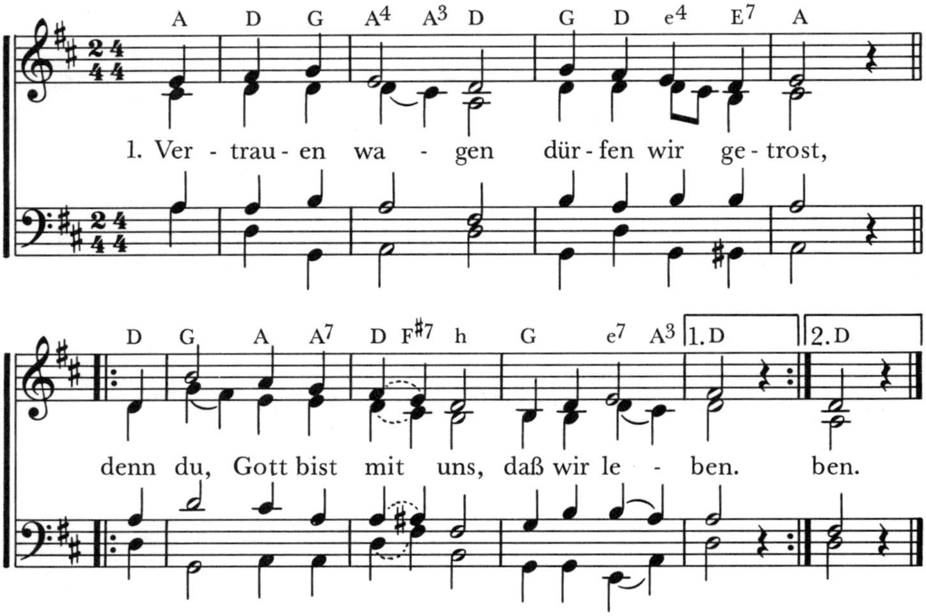

2. Unrecht erkennen sollen wir getrost,
denn du, Gott, weist uns den Weg
einer Umkehr.

3. Schritte erwägen können wir getrost,
denn du, Gott, weist uns den Weg
deines Friedens.

4. Glauben bekennen wollen wir getrost,
denn du, Gott, weist uns den Weg
deiner Hoffnung.

5. Vertrauen wagen dürfen wir getrost,
denn du, Gott, bist mit uns,
daß wir lieben.

Text und Melodie: F. Baltruweit.

12 Wir ziehen fröhlich unsere Straße

2. Wir ziehen fröhlich unsre Straße,
denn wir sind nicht allein.
Wir dürfen als Getaufte
Gemeinde Gottes sein.

3. Wir ziehen fröhlich unsre Straße,
weil Jesus mit uns zieht.
Wir singen voller Freude
ihm unser neues Lied.

Text und Musik: K. Rommel,

13 Licht der Liebe

2. Ein Licht weist den Weg,
der zur Hoffnung führt,
erfüllt den Tag, daß es jeder spürt.
Licht der Liebe, Lebenslicht,
Gottes Geist verläßt uns nicht.

3. Ein Licht macht uns froh,
wir sind nicht allein.
An jedem Ort wird es bei uns sein.
Licht der Liebe, Lebenslicht,
Gottes Geist verläßt uns nicht.

Text: Eckhard Bücken; Musik: Detlev Jöcker. Aus: Liedheft und MC:
Licht auf meinem Weg.

14 Am hellen Tag kam Jesu Geist

2. Petrus und die andern treten mutig vor,
sprechen viele Sprachen, daß es jeder hört:

3. »Jesus, den ihr tot glaubt, lebt und spricht durch uns.
Seht, wie er uns frei macht, von der schlimmen Angst!«

5. Menschen aller Völker sammelt Jesu Geist
zu der einen Kirche, die es weitersagt:

Text und Melodie: Dieter Trautwein. Aus: 111 Kinderlieder zur Bibel. Christophorus-Verlag, Freiburg / Verlag Ernst Kaufmann, Lahr

15 Gib uns deine Kraft

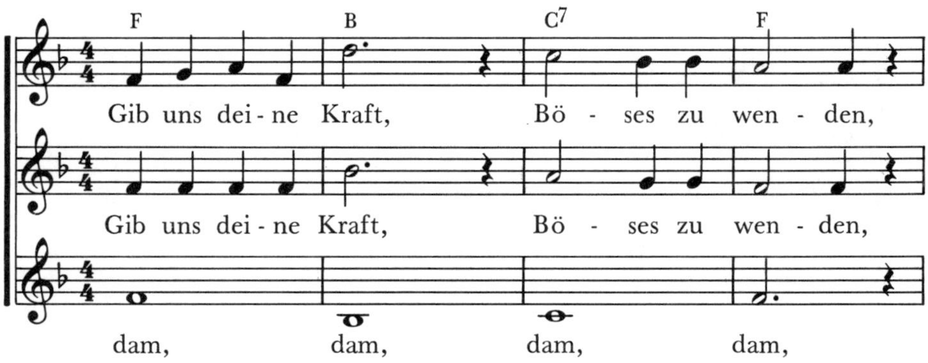

Text: Reiner Degenhardt; Musik: Peter Janssens.
Aus: Ein himmlisches Kind fliegt gegen den Wind.

16 Mir ist ein Licht aufgegangen

Text: Reinhard Bäcker; Musik: Detlev Jöcker.
Aus Liedheft und MC: Licht auf meinem Weg.

17 Schalom für Dorf und Stadt

2. Schalom für Wolf und Lamm,
schalom macht wilde Tiere zahm,
ein Kind, das Leu und Esel lenkt,
ein Mensch, der nie an Krieg mehr denkt,
Gott will die neue Welt,
lädt ein in sein Zelt.

3. Schalom für Mensch und Tier,
schalom; dann ist die Erde hier
ein Paradies, wo jedermann
den Frieden endlich finden kann.
Gott will die neue Welt,
lädt ein in sein Zelt.

Text: Aus dem Holländischen übertragen von Diethard Zils;
Melodie: Franz Anstett.

18 Gott gab uns Atem, damit wir leben

2. Gott gab uns Ohren, damit wir hören.
Er gab uns Worte, daß wir verstehn.
Gott will nicht diese Erde zerstören.
Er schuf sie gut, er schuf sie schön.
Gott will nicht diese Erde zerstören.
Er schuf sie gut, er schuf sie schön.

3. Gott gab uns Hände, damit wir handeln.
Er gab uns Füße, daß wir fest stehn.
Gott will mit uns die Erde verwandeln.
Wir können neu ins Leben gehn.
Gott will mit uns die Erde verwandeln.
Wir können neu ins Leben gehn.

Text: E. Bücken; Musik: F. Baltruweit.

19 Krieg der Bienen und Hornissen

2. Die Hornissentrommeln lärmen.
Aber, ach, die Bienen schwärmen.
Werden die Hornissen siegen
und die Bienen unterliegen?
Schrumm terumm, Schrumm terumm.
Krieg ist böse, Krieg ist dumm!

3. Brausend durch die Lüfte ziehen
die Hornissen-Kompanien.
In den gelb und schwarzen Röcken
geht es zu den Bienenstöcken.
Schrumm terumm, Schrumm terumm.
Krieg ist böse, Krieg ist dumm!

4. Die daheimgebliebnen Bienen
kämpfen mit verbissnen Mienen.
Aber ihrer sind zu wenig.
»Sieg!« ruft der Hornissenkönig.
Schrumm terumm, Schrumm terumm.
Krieg ist böse, Krieg ist dumm!

5. Ach, nur wenig Honig haben
die erkämpften Bienenwaben.
Jeder Krieger der Hornissen
kriegt mit Not drei kleine Bissen.
Schrumm terumm, Schrumm terumm.
Krieg ist böse, Krieg ist dumm!

6. Laßt es alle Menschen wissen:
Wenig nützte den Hornissen
das Bekriegen, das Besiegen,
denn zweihundert blieben liegen!
Schrumm terumm, Schrumm terumm.
Krieg ist böse, Krieg ist dumm!

Text: James Krüss. Aus: Der wohltemperierte Leierkasten. © 1961 C. Bertelsmann Verlag GmbH, München; Melodie: Martin Gotthard Schneider. Aus: Sieben Leben möcht ich haben. Christophorus-Verlag, Freiburg / Verlag Ernst Kaufmann, Lahr

20 Ein kleiner Spatz zur Erde fällt

2. Gott schmückt die Lilien auf dem Feld,
ihr Duft ist süß und schwer.
Wenn er die Blümelein so liebt,
liebt er mich noch viel mehr.
Er liebt auch mich, er liebt auch mich,
ich weiß: er liebt auch mich!
Weil er die kleinen Dinge liebt,
weiß ich, er liebt auch mich!

3. Gott machte Blum und Vögelein,
ja alles groß und klein.
Und er vergißt uns Kinder nicht,
ich weiß, es kann nicht sein.
Er liebt auch mich, er liebt auch mich,
ich weiß: er liebt auch mich!
Weil er die kleinen Dinge liebt,
weiß ich, er liebt auch mich!

Text: Maria Straub; Melodie: S.W. Straub; Deutsch: Ruth Frey. Original: God sees the little sparrow fall. Aus: Wir loben Dich, Heft 3. Rechte: Hänssler-Verlag, Neuhausen-Stuttgart

21 Die Vögel unterm Himmel

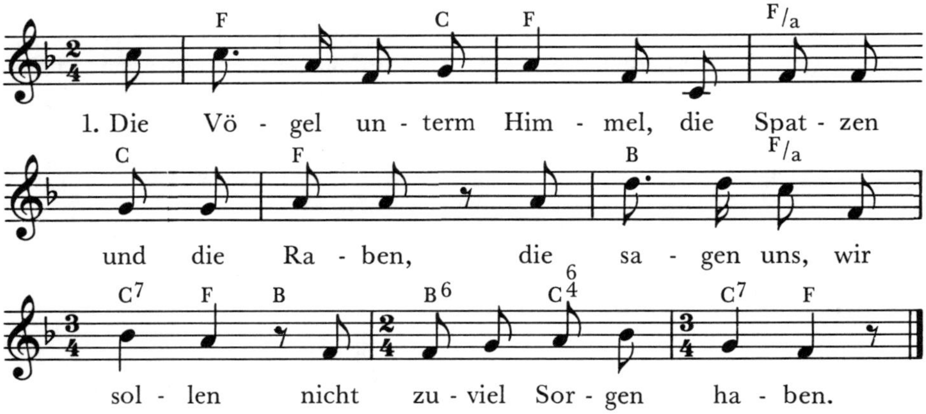

2. Die Lilien im Garten, die Rosen und Levkoien,
   die sagen uns, wir sollen an Gottes Welt uns freuen.
3. Die Käfer auf den Halden, die Nesseln und die Kressen,
   die sagen uns, wir sollen das Kleine nicht vergessen.
4. Die Brücken, die wir bauten, Maschinen, die wir machten,
   die sagen uns, wir sollen den andern nicht verachten.
5. Die Straßen, die wir fahren, die Autos, die wir lenken,
   die sagen uns, wir sollen an unsern Nächsten denken.

Text: Rudolf Otto Wiemer; Melodie: Martin Gotthard Schneider. Aus: Sieben Leben möcht ich haben. Christophorus-Verlag, Freiburg / Verlag Ernst Kaufmann, Lahr

22 Ich lade dich ganz herzlich ein

Text: Rolf Krenzer; Musik: Inge Lotz. Aus: Regenbogen bunt und schön. Verlag Ernst Kaufmann, Lahr / Kösel-Verlag, München

23 Flug der Vögel

Text: Rolf Krenzer; Musik: Peter Janssens.
Aus: Noah unterm Regenbogen.

24 Meinem Gott gehört die Welt

2. Und sein eigen bin auch ich.
Gottes Hände halten mich,
gleich dem Sternlein in der Bahn;
keins fällt je aus Gottes Plan.

3. Wo ich bin, hält Gott die Wacht,
führt und schirmt mich Tag und Nacht;
über Bitten und Verstehn
muß sein Wille mir geschehn.

4. Täglich gibt er mir das Brot,
täglich hilft er in der Not,
täglich schenkt er seine Huld
und vergibt mir meine Schuld.

5. Lieber Gott, du bist so groß,
und ich lieg in deinem Schoß
wie im Mutterschoß ein Kind;
Liebe deckt und birgt mich lind.

6. Leb'ich, Gott, bist du bei mir,
sterb'ich, bleib'ich auch bei dir,
und im Leben und im Tod
bin ich dein, du lieber Gott.

Text: Arno Poetzsch; Musik: Christian Lahusen.
Aus: Lieder für den Kindergottesdienst, BA 2995.
Baerenreiter-Verlag, Kassel

25 Und die Bäume klatschen alle in die Hände

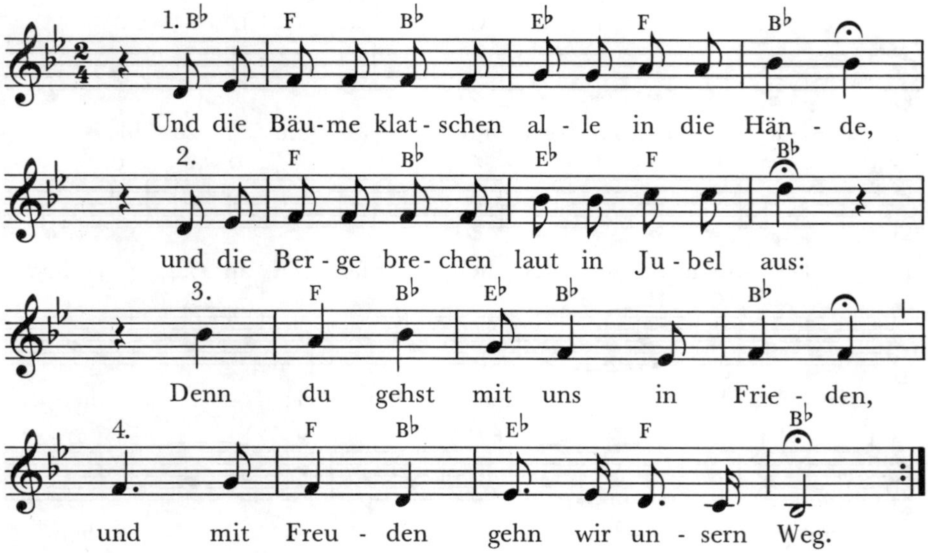

Melodie: Joschi Jonathan Ball. Aus: Kleiner Kanon-Schatz von J.J. Ball. Bezug: Chr. Ball, Ettlinger Straße 2a, 7500 Karlsruhe 1

26 Wo ein Mensch Vertrauen gibt

2. Wo ein Mensch den andern sieht,
nicht nur sich und seine Welt,
fällt ein Tropfen von dem Regen,
der aus Wüsten Gärten macht.

3. Wo ein Mensch sich selbst verschenkt
und den alten Weg verläßt,
fällt ein Tropfen von dem Regen,
der aus Wüsten Gärten macht.

Melodie: Fritz Baltruweit, Herrschelstraße 5, 3008 Garbsen 4. Text: Hans-Jürgen Netz, Vennhauser Allee 192, 4000 Düsseldorf 12. Textrechte beim Autor

27 Alle Knospen springen auf

2. Alle Menschen auf der Welt fangen an zu teilen.
   Alle Wunden auf der Welt fangen an zu heilen.
   Menschen teilen, Wunden heilen,
   Knospen blühen, Nächte glühen.

3. Alle Augen springen auf, fangen an zu sehen.
   Alle Lahmen stehen auf, fangen an zu gehen.
   Augen sehen, Lahme gehen,
   Menschen teilen, Wunden heilen,
   Knospen blühen, Nächte glühen.

4. Alle Stummen hier und da fangen an zu grüßen.
   Alle Mauern tot und hart werden weich und fließen.
   Stumme grüßen, Mauern fließen,
   Augen sehen, Lahme gehen,
   Menschen teilen, Wunden heilen,
   Knospen blühen, Nächte glühen.

Text: Wilhelm Willms; Musik: Ludger Edelkötter.
Aus: Alle Knospen springen auf.

28 Strahlen brechen viele

2. Zweige wachsen viele aus einem Stamm.
Unser Stamm heißt Christus.
Zweige wachsen viele aus einem Stamm
– und wir sind eins durch ihn.

3. Gaben gibt es viele, Liebe nur eine.
Liebe schenkt uns Christus.
Gaben gibt es viele, Liebe nur eine
– und wir sind eins durch ihn.

4. Dienste leben viele aus einem Geist,
Geist von Jesus Christus.
Dienste leben viele aus einem Geist
– und wir sind eins durch ihn.

5. Glieder sind es viele, doch nur ein Leib.
Wir sind Glieder Christi.
Glieder sind es viele, doch nur ein Leib
– und wir sind eins durch ihn.

Text: D. Trautwein; Musik: O. Widestrand.

29 Der kleine Jonathan

2. Und als der große Hunger kam,
sprach Jesus: Ihr müßt teilen.
Da teilten Frau und Kind und Mann,
teilt der kleine Jonathan.
Da teilten Frau und Kind und Mann
und viele, viele Kinder.

3. Und Jesus segnet Fisch und Brot
und sagt: Kommt her und esset.
Da aßen Frau und Kind und Mann,
da aß der kleine Jonathan.
Da aßen Frau und Kind und Mann
und viele, viele Kinder.

4. Und alle Menschen wurden satt,
die dort bei Jesus saßen.
Satt wurden Frau und Kind und Mann,
satt war der kleine Jonathan.
Satt wurden Frau und Kind und Mann
und viele, viele Kinder.

5. Brot, das man mit andern teilt,
wird wunderbar sich mehren.
Es dankten Frau und Kind und Mann,
es dankt der kleine Jonathan.
Es dankten Frau und Kind und Mann
und viele, viele Kinder.

Text: Rudolf Otto Wiemer. Musik: Ludger Edelkötter. Quelle: In Zusammenarbeit mit MISEREOR, Aachen. Aus: Biblische Spiellieder Äthiopien.

30 Fünf Brote und zwei Fische

2. Mit Plänen und mit Worten ist noch nicht viel getan.
Wir sagen allen weiter: auf jeden kommt es an!

3. Gemeinsam schafft man vieles, das wissen wir schon lang.
Wir warten nicht bis morgen und fangen einfach an.

Text: Hans-Jürgen Netz; Musik: Christoph Lehmann. Aus: Fünf Brote und zwei Fische.

31 Heute scheint die Sonne

2. Heute scheint die Sonne, da gehen wir zum Markt
und kaufen Brot für jeden Tag, das jeder von uns essen mag.
Mach doch mit, du wirst schon sehn, heut wird es wieder schön.

3. Sonnenschein und Regen, wir danken Gott dafür
und dürfen uns darüber freun und Gott für alles dankbar sein.
Mach doch mit, du wirst schon sehn, heut wird es wieder schön.

Text: Rolf Krenzer; Melodie: Inge Lotz. Aus: R. Krenzer: 100 einfache Lieder Religion. Verlag Ernst Kaufmann, Lahr / Kösel-Verlag, München

32 Ein bunter Regenbogen

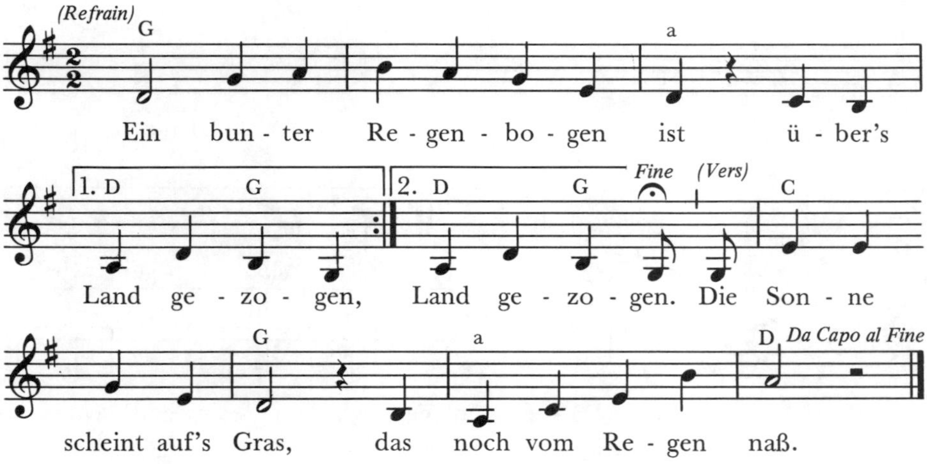

2. Und alle bleiben steh'n,
um ihn sich anzuseh'n.

3. Damit ihr alle wißt,
daß Gott uns nicht vergißt.

Text: Rolf Krenzer. Musik: Ludger Edelkötter. Quelle: In Zusammenarbeit mit MISEREOR, Aachen. Aus: Bibl. Spiellieder Haiti.

33 Ich will singen, will spielen

2. Gott ist mein Schutz, Gott ist mir Schild, Gott ist meine Festung.
3. Gott ist mein Heil, Gott ist mir Kraft; Gott ist mein Leben.

Text: H. Neubauer; Melodie: K. Gräske. Aus: Kett/Gräske: Gott befreit durch Jesus Christus – Teil 2, Kindergottesdienste. Don Bosco Verlag, München, S. 40f

34 Wenn große Angst auch uns erfaßt

Aus: Münchner Kinderbibelwoche. Ein kleiner kommt ganz groß raus. Hg. v. Klaus Meyer, Keferloher Straße 70, 8000 München 40, 1987

35 Laß mich an dich glauben, wie Daniel es tat

2. Der König hatte einen Traum,
doch seinen Sinn zu deuten, das verstand er kaum.
3. Viele Traumdeuter an seinem Hof
versuchten sich, doch sie war'n alle viel zu doof.
4. Daniel sprach zu ihm: »Ach hör mich an:
Dein Reich, das wird nun bald vergehen, lieber Mann!«
5. Der König seinem Reich befahl:
»Fallt nieder vor den Götzen beim Posaunenschall!«
6. Drei Männer nur gehorchten nicht,
ins heiße Feuer warf sie rein der Bösewicht.
7. Der König lebt in Saus und Braus,
er richtet häufig Sauf- und Freßgelage aus.
8. Doch da erscheint an weißer Wand
die Schreckensschrift geschrieben von 'ner Geisterhand.
9. Nur Daniel hat die Schrift verstunden:
»Du, König, bist gewogen und zu leicht befunden!«
10. Auf die Macht des Königs sollt er baun,
doch Daniel, der will nur seinem Gott vertraun.
11. Sie warfen ihn den Löwen hin,
er betete zu Gott, und der beschützte ihn.
12. Als Daniels Not nun war gewandt,
sein Glaube und sein Ruhm, sie wurden weit bekannt.
13. Wer wie Daniel auf Gott vertraut,
der hat im Leben niemals nur auf Sand gebaut.

Text: L. Nagel; Musik: L. Nagel/U. Fischer. Aus: Jungscharlieder.

Verzeichnis der Lieder im Liedanhang

Quellennachweis

Verlag und Autor danken für die freundlich erteilten Abdruckgenehmigungen. Trotz intensiven Bemühens war es leider nicht möglich, alle Abdruckrechte zu ermitteln. Betroffene AutorInnen und InhaberInnen der Rechte mögen dies verzeihen und sich beim Verlag melden.

Liednachweis

Die Quellenangaben zu den Liedern sind jeweils bei den Noten im Text bzw. im Liedanhang angebracht.

Textnachweis

S. 11f VARENKA nach einer russischen Legende erzählt und illustriert von Bernadette. © 1971 Nord-Süd Verlag, Mönchaltorf und Hamburg

S. 15 Kind, du bist uns anvertraut. Aus: Friedrich Karl Barth, Gerhard Grenz, Peter Horst (Hg.): Gottesdienst menschlich. Peter Hammer Verlag Wuppertal, Neuauflage 1990

S.17 Dieses Kind ist noch zu klein. Aus: D. Frettlöh, Neue Lieder nach alten Melodien, Nr. 17

S. 18f B. Imgrund: Beppo Sala. Rechte bei der Autorin.

S. 21f Lothar Zenetti: Segenslied über ein Kind. Texte der Zuversicht, J. Pfeiffer Verlag, München, S. 226f

S. 29f Werner Schaube: Satirische Weihnachten. Aus: Bausteine für einen Jugendgottesdienst, in: In Sachen Spiel und Feier 4/28. Höfling Verlag, Weinheim 1977

S. 30 Meditatives Eingangsgebet. Aus: Klaus von Mering: Die Geschichte sehen ... – Christmette. In: Weihnachten – Jahreswechsel. Gottesdienste, Predigten, Meditationen. Hrsg.: H. Nitschke. Gütersloh 1980, S. 63ff

S. 37 Mitsue Furuta: Für dich, Kleines. Quelle unbekannt.

S. 47 Text aus: K. Rommel, M. Schmeißer: Kinder- und Familiengottesdienst. Christophorus-Verlag, Freiburg i. Br.

S. 63 Nach: Florian Sorkale: Glaubensbekenntnisse für unsere Zeit. 2. überarbeitete und erweiterte Auflage, hrsg. v. Gerhard Ruhbach, GTB 1287, Gütersloh 1985, S. 69f, Nr. 65

S. 70ff Frei nach: Heinrich Erlau/Walter Habdank: Die Legende vom Vierten König. Christophorus-Verlag, Freiburg i Br./Burckhardthaus-Laetare Verlag Gelnhausen 1979

S. 77 Nach einer Vorlage von E. Richter, ku praxis 24/87

S. 94f L. Zenetti: Komme, geheimnisvoller Atem. Aus: Zeitvermehrung, J. Pfeiffer Verlag, München 1979, S. 244f

S. 100f Wolf Biermann: Spielzeug. Aus: Nachlaß 1. Kiepenheuer & Witsch, Köln 1977

S. 102 Eva Rechlin: Frieden. © Eva Rechlin, Berchtesgaden

S. 102f Aus: Ursula Wölfel: Die grauen und die grünen Felder, anrich verlag, Kevelaer 1970, 1984

S. 105 »Friede«. © by Josef Reding, Dortmund

S. 110 Wegzeichen (»Entdeck bei dir ...«). Text: Friedrich Karl Barth, Peter Horst. Musik: Peter Janssens. Alle Rechte Peter Janssens Musik Verlag, Telgte/Westf. 1977

S. 130ff Auszüge aus dem Lima-Gottesdienst. Aus: 6. Vollversammlung in Vancouver 1983. World Council of Churches, Publication Office, Geneva, Switzerland

S. 153 Text: Friedrich Karl Barth, Peter Horst. Aus: Uns allen blüht der Tod. Alle Rechte im Peter Janssens Musikverlag, Telgte/Westf. 1979

Bildnachweis

S. 35 Weihnachtsplastik aus dem Diakonissen-Mutterhaus Bad Kreuznach. Oberin Diakonisse Gertrud Heublein, Ringstraße 58-60, 6550 Bad Kreuznach

S. 36 Japanisches Seidenbild von Eisui »Geburt Christi«. Foto: Ciric, Genf

S. 38 Jesus und Maria – eine afrikanische Holzplastik. Aus: Berichte der VEM. 12. Jg., 1976 Essen H5198E

S. 39 Claudio Pastro: Madonna con Bambino, Sao Paulo. Rechte: Comunione e Liberazione, Forli

S. 48ff Bilder von Tanja Becker (S. 48, 50, 52, 53, 54)

S. 78 Plastik von Dorothea Steigerwald, Motiv: Bleib sein Kind. © Brendow Verlag, D-4130 Moers

S. 126 Motiv X aus dem Misereor Hungertuch aus Äthiopien von Alemayehu Bizuneh. © Misereor-Vertriebsgesellschaft mbH, Aachen 1978